JN108730

リスク視点からの「実効性のある」内部監査の進め方

第2版

五井 孝
GOI TAKASHI

同文舘出版

はじめに

　初版を刊行して早くも約6年半が経過した。その間、本書のテーマである「リスクマネジメント」や「監査」に関わる領域でさまざまな動きがあった。直近では、リスクマネジメントの国際標準であるISO 31000:2009（JIS Q 31000:2010）が改訂され、ISO 31000:2018（JIS Q 31000:2019）となった。2004年に発表された全社的リスクマネジメントのフレームワークである「COSO-ERM」も2017年に改訂されている。また、監査においては、金融庁の検査マニュアルが廃止され、モニタリング重視へとシフトしてきている。システム監査関連では、経済産業省のシステム管理基準およびシステム監査基準が10数年ぶりに改訂され、「ITガバナンス」や「アジャイル開発」などが取り入れられている。

　一方では、企業等の不祥事が絶えない状況が続いている。その第三者調査委員会報告書をみてみると、例えば、「形式に着眼した監査」、「形式的かつ事務的な確認」、「準拠性監査にとどまり」など、内部監査が有効に機能していない指摘が挙がっている。今まで以上に、内部監査の「実効性」が問われている。また、本書執筆時点で新型コロナウイルス感染症が大流行（パンデミック）し、世界的に生産や消費が滞り、経済や社会に大きな影響を及ぼしている。ここまでの影響があるとは想定していなかったこともあり、企業等では対応に苦慮している。事業継続計画（BCP）を早急に見直しして、対策を講じていかなければならない。企業等にこれから求められるのは、ニューノーマル（新常態）として臨機応変に対応できる能力、つまり、「レジリエントな組織」である。このようなことから、経営者や監督官庁は、リスクマネジメントが有効かつ継続して機能しているかどうかを評価する内部監査にますます期待を高めている。内部監査は、準拠性中心の監査から、リスクを踏まえた実効性中心の監査へと変わっていくことが求められていると言える。実効性のある内部監査とは、どのような状態であろうか。"実効"とは「実

際の効力・効果」（広辞苑）とあるので、内部監査の効力・効果がある、つまり、内部監査を通じて企業等が良くなっていく、ということである。

　本書は、その切り口として"リスク視点"を挙げ、実効性のある内部監査をどのように進めればよいかを解説することに主眼を置いている。リスクマネジメント部門やリスクマネジメント委員会などの全社的リスクマネジメント（ERM）までは整備していない多くの企業等を想定し、内部監査と内部統制、リスクマネジメントを橋渡しするのが、本書の役割である。したがって、内部監査の基本的な事項や監査手続書、監査調書、監査報告書の書き方などは、あえて解説していない。内部監査の基本については、他に良書が多く出版されているので、そちらを参照されたい。

　今回の改訂では、リスクマネジメントの実効性をさらに高める視点として「リスクマネジメントを補完するレジリエントな組織」について、また、ケーススタディとして「RPAによる業務効率化の実効性を評価する」を新たに追加した。これらに関連するコラムとして、「Safety-ⅠからSafety-Ⅱへ」、「自動化の落とし穴」も書き加えた。さらに、リスク対応を再整理するとともに、読みやすさなども含めて全体の記述を見直ししている。

◆本書の構成◆

```
┌─────────────┐      ┌─────────────┐
│ リスク視点からの  │─────▶│ リスクの識別と   │
│ 内部監査        │      │ 評価           │
│ 〔第1章〕        │      │ 〔第2章〕        │
└─────────────┘      └─────────────┘
                                │
┌─────────────┐      ┌─────────────┐
│ モニタリングと    │      │ リスク対応と     │
│ レビュー        │      │ 証拠資料の特定   │        ┐
│ 〔第6章〕        │      │ 〔第3章〕        │        │
└─────────────┘      └─────────────┘        ▼
        ▲    ┌─────────────┐      ┌─────────────┐
        │    │ リスク対応の     │      │ リスクマネジメントの │
        └────│ 実効性評価と     │      │ 実効性をさらに    │
             │ 監査証拠の入手   │      │ 高めるために     │
             │ 〔第4章〕        │      │ 〔第7章〕        │
             └─────────────┘      └─────────────┘
               ╭─────────────╮
               │ ケーススタディ   │
               │ 〔第5章〕        │
               ╰─────────────╯
```

　本書は、7章構成になっている。第1章では、内部監査の目的を確認した上で、リスクの概念を整理し、リスク視点からの内部監査の考え方とそのプロセスの全体像を解説する。第2章から第6章までは、リスク視点からの内部監査のプロセスを解説している。リスクの識別と評価については第2章、リスク対応と証拠資料の特定については第3章で、それぞれ解説する。第4章では、本書の中核となるリスク対応の実効性評価と監査証拠の入手について、また、第5章では、4つの具体的なケースを通して、リスク対応の実効性を評価するポイントを踏まえた留意点を解説する。そして、第6章では、モニタリングとレビューについて解説する。第7章では、リスクマネジメントの実効性をさらに高めるため、組織的なリスクマネジメントと内部監査の関わりと、リスクマネジメントを補完するレジリエンスの視点について解説する。本書の内容に関連がある参考情報は、随所にコラムとして挙げている。巻末には、参考文献を挙げているので必要に応じて参照してほしい。

　本書は、内部監査部門の方を読者として想定した内容になっているが、考え方や進め方は、これからリスクマネジメント体制を構築しようと考えている企業等にも適用できるので、リスクを所管する部門や経営企画部門などの方々にも、十分参考にしていただけると思う。

　最後に、本書の執筆に当たっては、同文舘出版の青柳裕之氏、有村知記氏から改訂の機会と丁寧な助言、支援を頂いた。この場をお借りしてお礼を申し上げたい。本書が、企業等を取り巻く様々なリスクを少しでも低減でき、「リスクに強く、レジリエントな組織」になる一助になれば、幸いである。

2020年9月

五井　孝

第**3**章 リスク対応と証拠資料の特定

第**4**章 リスク対応の実効性評価と監査証拠の入手

第5章 ケーススタディ

第6章 モニタリングとレビュー

第7章 リスクマネジメントの実効性をさらに高めるために

第1章 リスク視点からの内部監査

本章では、内部監査の目的を確認した上で、リスクの概念を整理し、リスク視点からの内部監査の考え方とそのプロセスの全体像を解説する。

本章の内容

- ▶ 内部監査の目的
- ▶ その指摘事項で大丈夫？（ケースによる検討）
- ▶ リスクの定義と分類、特徴
- ▶ リスク視点からの内部監査の考え方
- ▶ リスク視点からの内部監査のプロセス

内部監査の目的

　多くの企業や行政機関、団体など（以下、「企業等」と言う）には、内部監査の機能がある。ある程度の規模の企業等になれば、独立した内部監査部門が設置されている。読者の多くの方も、内部監査部門に所属されているのではないかと思う。では、内部監査の目的は何であろうか。それは、内部監査に関わる業務を規定している社内規程の第1条に明記されていることが多い。一例を挙げると、内部監査には、次のような目的がある。

> 内部監査は、経営目的の達成、経営効率の向上、内部統制の維持・向上に資することを目的とする。

　内部監査人は、業務やサービスの遂行状況、情報システムの管理状況などを様々な観点から点検・評価し、経営目的の達成などを阻害するような問題や課題があるとの心証を得た場合には、その改善を促すことになる。ここでいう問題とは、「あるべき姿と現状とのギャップ」のことである。また、課題とは、「解決しなければならない問題」という意味である。

　内部監査人が評価する観点には、例えば、有効性、効率性、信頼性、準拠性、機密性、完全性、可用性などが挙げられる。理屈から言えば、すべての業務・サービスや情報システム、外部委託先などを監査対象にして、これらの観点から評価することになる。しかし、内部監査人の人数も監査期間も限られている中で、毎年、すべてを対象にして監査することは現実的には不可能である。そうかと言って、潜在的な問題や課題を長期間にわたり、放置しておくと、いずれ、大きな事故や障害につながるかもしれない。

　したがって、内部監査人としては、何らかの優先順位に基づいて、監査計画を策定せざるを得ない。言い換えると、業務・サービスや情報システムなどの中から重要性の高いものを監査する必要がある。何をもって"重要"と考えるかは一概に述べることは難しい。業種や業態によって、また、同一の

業種や業態であっても、企業等の経営方針や経営戦略は異なっているので、何を"重要"とするかも違ってくる。しかし、内部監査の目的を踏まえると、優先順位を上げて監査すべき"重要"な監査対象は、経営目的の達成などに大きな影響を及ぼす業務・サービスや情報システムなどである。

　一方、内部監査の国際的な団体である内部監査人協会（IIA：The Institute of Internal Auditors）の基準では、内部監査の計画をどのように定義しているかをみてみよう。IIAの「内部監査の専門職的実施の国際基準」では、内部監査の計画を次のように定義している。

2010 －（内部監査部門の）計画の策定
内部監査部門長は、組織体のゴールと調和するように内部監査部門の業務の優先順位を決定するために、リ・ス・ク・・ベ・ー・ス・の監査計画を策定しなければならない。　　　　　　　　　　　　　　　　　　　　　※傍点は筆者が追加

　このIIAの基準を踏まえると、内部監査の実施に当たっては、"リスク"という切り口から監査を計画することがポイントとなる（図表1-1）。

◆図表1-1　内部監査の計画◆

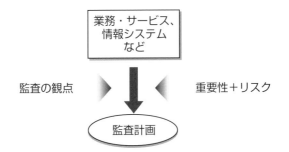

●業務・サービスや情報システムなどの重要性とリスクを踏まえて監査を計画する

その指摘事項で大丈夫？

　業務・サービスや情報システムなどの重要性とリスクを踏まえて監査を実施しても、それだけでは内部監査の目的は達成できない。内部監査による効果がみえてくるのは、重要な業務・サービスや情報システムなどに潜む問題への対応や課題の解決などを通じて、企業等が改善されていくサイクルが回り始めたときである。逆に言えば、業務・サービスや情報システムなどに潜む問題や課題などを内部監査でみつけることができなければ、その効果は出ないということになる。内部監査では、この問題や課題のことを「指摘事項」と表していることが多い。つまり、如何に的を射た問題や課題を抽出できるかが、効果のある内部監査かどうかを分ける大きなポイントとなる。

　次のようなケースを考えてみよう。A社は、消費生活用製品の製造メーカーである。品質管理の適切性をテーマとした内部監査の中で、H製品の出荷前における品質検査実施状況を確めたところ、図表1-2のような結果であったとする。A社の内部監査人Zさんは、この監査手続の結果から次のような指摘事項の案を考えた。

◆図表1-2　監査手続とその結果◆

【監査手続】

H製品に対する品質検査を実施した「品質チェック票」をサンプリングで抽出して査閲したところ、次のような結果であった。なお、品質管理マニュアルには、「品質チェック票」を使って品質検査をすることが記載されている。また、品質合格率の基準（歩留まり率）は95%としている。

【結果】

• サンプリングで確認した「品質チェック票」100枚には、品質管理マニュアルで定められた様式とは一部が異なるものも含まれていたが、チェック項目はすべ

て同一であった。

- サンプリングで抽出した100枚には、品質検査の結果が不合格となったものはなかった。追加で抽出した100枚も同様であった。
- 最初に抽出した100枚のうち5枚において、品質検査結果欄はすべて合格と記入されていたが、品質検査結果の検印欄には押印はなかった。
- 最初に抽出した100枚のうち1枚において、品質検査結果欄の1項目に合否の記入がなく空欄であったが、品質検査結果の検印欄には押印されていた。
- 品質合格率の基準である95％は、「3年前に全製品共通の基準として設定されたものではないかと思う」との回答を品質検査担当者から得た。

【内部監査人Zさんの考えた指摘事項案】
H製品の品質検査は、品質管理マニュアルに準拠して実施されている。ただし、「品質チェック票」100枚をサンプリングで査閲したところ、一部に検印のないものがあった。漏れなく検印することを徹底する必要がある。

　さて、内部監査人Zさんが考えた“検印不備”という指摘事項案は、品質管理の適切性を確保する観点からみて妥当だろうか。この続きは、第5章のケーススタディで改めて取り上げるので、少し考えてみてほしい。

3 リスクとは何か

(1) リスクの定義

　第1節でみたように、リスクベースの内部監査では、業務・サービスや情報システムなどの重要性を踏まえて監査を計画し、実施する。つまり、「重要性」と「リスク」には密接な関係があると言える。「リスク」というキー

ワードは、読者のみなさんも普段、何気なく使っているのではないかと思う。リスクとは何なのか。内部監査の立場からは、リスクをどのように定義すればよいだろうか。

　リスクの定義は、一意ではない。一般には、マイナスの影響を及ぼすイメージがあるが、プラスの影響を及ぼすことをリスクとしている場合もある。リスクとは「危険。危険度。また、結果を予測できる度合い。予想通りにいかない可能性」（大辞泉）とある。そこで、リスクマネジメントに関する国際規格であるISO 31000では、リスクをどのように定義しているかみてみよう。ISO 31000:2018では、リスクを次のように定義している。

> **リスク（ISO 31000:2018）：目的に対する不確かさの影響**

　ここで"影響"とは、「期待されていることから乖離すること」と注記されている。ISO 31000:2018では、プラスの影響を及ぼすこともリスクとしていて、広い定義になっている。

　一方、前出のIIAによる「内部監査の専門職的実施の国際基準」によれば、リスクは次のように定義されている。

> **リスク（IIA）：目標の達成に影響を与える事象発生の可能性。リスクは影響の大きさと発生可能性とに基づいて測定される**

　内部監査では、対応すべき問題や解決すべき課題を浮き彫りにして、それらの改善を促すことを目的としているので、本書では、マイナスの影響を及ぼすリスクを対象として、次のように定義する。

> **リスク（本書）：組織目標の達成にマイナスの影響を与える事象が顕在化する発生可能性とその影響**

　マイナスの影響を及ぼすリスクを「純粋リスク」、プラスの影響を及ぼすリスクを「投機的リスク」と区別している例もある。本書では、純粋リスクを対象とする。

(2) リスクの分類

　具体的にどのようなリスクがあるかを考えてみよう。よく「○○○リスク」というようにリスクの名称がついているのをみかける。リスクにはいろいろなものが考えられるが、多くの企業等における一般的なリスクとしては、例えば、図表1-3に示すような分類になる。

◆図表1-3　リスクの分類（例1）◆

リスクの分類	説　　　明
品質リスク	製品などにおける品質欠陥などにより、人的被害あるいは損失を被るリスク
事務リスク	従業員などが行う事務処理の不正確性、怠慢、失念あるいは不正などにより損失を被るリスク
システムリスク	情報システムの停止や誤作動、操作ミスや不正使用などにより損失を被るリスク
コンプライアンスリスク	法令、契約、社内規定、手順書・マニュアル、企業倫理、社会規範などに反する行為などを行うリスク
情報セキュリティリスク	情報資産の漏えい、改ざん、破壊などにより損失を被るリスク
人事労務リスク	不適切な人事労務管理などにより、従業員などの健康や安全衛生などを害するリスク
市場リスク	金利、為替、有価証券価格などの相場変動により損失を被るリスク
信用リスク	与信先の財務状況悪化などにより損失を被るリスク
流動性リスク	予期せぬ資金流出などにより、必要な資金が確保できなくなり、通常より著しく不利な資金調達を余儀なくされるリスク
事業継続リスク	自然災害、火災、伝染病、テロ、その他の災害などにより事業の継続が中断されるリスク
レピュテーショナルリスク	マスコミ報道、評判・風説・風評などにより評判を下げるリスク
カントリーリスク	海外における政治・経済情勢の変化や新たな取引規制などにより損失を被るリスク

事務リスク、システムリスク、コンプライアンスリスク、情報セキュリティリスク、人事労務リスクをまとめて「オペレーショナルリスク」、市場リスク、信用リスク、流動性リスクを「決済リスク（財務リスク）」と言うこともある（図表1-4）。

◆**図表1-4　リスクの分類（例２）**◆

オペレーショナルリスク
品質リスク
事務リスク
システムリスク
コンプライアンスリスク
情報セキュリティリスク
人事労務リスク
その他オペレーショナルリスク

決済リスク（財務リスク）
市場リスク
信用リスク
流動性リスク

事業継続リスク
レピュテーショナルリスク
カントリーリスク

（3）リスクの特徴

　これらのリスクの特徴について、少し補足しておきたい。

①　企業等によって重要なリスクは異なる

　まず、重要となるリスクは企業等によって異なってくることである。例えば、製造業では取り扱う製品の品質に関わるリスクが重要になる。金融機関では、金利、為替、有価証券価格などの相場変動に関わるリスクが重要になる。また、ほとんどの企業等では情報システムを利用しているので、システムリスクが重要になる。図表1-3や図表1-4に挙げたリスクの分類に無理やり当てはめるべきものではない。それぞれの企業等における事業や業務・サービスなどを踏まえて、リスクを挙げる必要がある（図表1-5）。図表1-3には挙げていないが、外部に委託している重要な業務があれば、「外部委託リスク」というリスク分類があってもよい。また、グローバル化の進展により、事業継続としてのサプライチェーンの重要性がますます高まってきていることから、「サプライチェーンリスク」をリスク分類の１つに挙げてもよい。

◆図表1-5　企業等によって重視するリスクは異なる◆

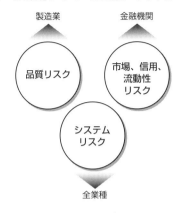

② 同じリスク名称でも定義は異なることがある

　例えば、コンプライアンスリスクの対象となるコンプライアンスは、次のように範囲が広い。

> **労働関連**：人権尊重、労働環境、労使関係など
> **事業関連**：公正な取引、製品の安全性、反社会的勢力との関係遮断、信義則など
> **情報関連**：個人情報、営業秘密、知的財産権など
> **社会関連**：ステークホルダー、消費者、環境など

　コンプライアンスとは「要求や命令に従うこと。特に、企業が法令や社会規範・企業倫理を守ること。法令遵守。」（広辞苑）とある。要求や命令には、例えば、取引先などとの間の取り決めである契約、社内規定や手順書、マニュアルなどが挙げられる。法令、契約、社内規定、手順書・マニュアル、企業倫理、社会規範などを含めてコンプライアンスの対象としている例もあれば、法令や契約などは企業等が業務を行う上での権利・義務を明確にした重要な部分であることから、コンプライアンスリスクと分けてリーガルリスク

の範ちゅうとして分類する場合もある（図表1-6）。また、労務関連の法令違反については、人事労務リスクとして分けている例もある。

◆図表1-6　リスクの分け方（例１）◆

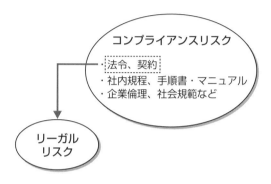

　システムリスクも２つの定義が考えられる。１つはシステムを利用する側からみたシステムリスク、もう１つはシステムを提供する側からみたシステムリスクである。立場によってリスクの意味が異なってくるので、どの立場からのリスクとして定義するのかを明確にしておく必要がある（図表1-7）。

◆図表1-7　リスクの分け方（例２）◆

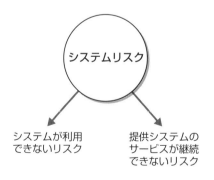

③ リスクは連鎖する

　リスクは、それぞれが独立しているわけではなく、相互に関連のある場合がある。レピュテーショナルリスクがその典型である。レピュテーショナルリスクだけが、突然、顕在化することはほとんどない。別のリスクの顕在化が誘引となって生じる場合が多い。

　例えば、インターネット通信販売事業を考えてみる。Webサイトのシステム設計不備が原因で、外部から不正アクセスされてしまい、商品購入者の個人情報がインターネット上に大量流出したとしよう。発覚後の対応の遅れから、商品購入者のクレジットカード情報が不正使用される二次被害が発生したら、マスコミには叩かれるし、SNS上などにもある事ない事が書き込まれる。システム設計不備の原因が何であれ、自社ブランドは大きく失墜することになってしまう。つまり、品質リスクやシステムリスクが誘引となって、情報セキュリティリスク、レピュテーショナルリスクへと連鎖していく（図表1-8）。別の例を挙げると、ハラスメントの放置をSNS上に書き込まれて、人事労務リスクからレピュテーショナルリスクに連鎖する可能性もある。

◆図表1-8　リスクの連鎖の例◆

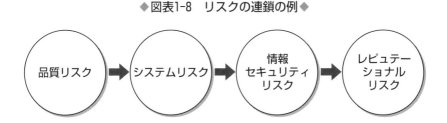

　リスクの連鎖を原因と結果からみると、例えば、図表1-9に示すような関連が考えられる。

原因 ＼ 結果	品質リスク	事務リスク	システムリスク	コンプライアンスリスク	情報セキュリティリスク	人事労務リスク	市場リスク	信用リスク	流動性リスク	事業継続リスク	レピュテーショナルリスク	カントリーリスク
品質リスク		○	○	○						○	○	
事務リスク				○	○	○					○	
システムリスク	○	○		○						○	○	
コンプライアンスリスク										○	○	
情報セキュリティリスク			○	○						○	○	
人事労務リスク				○								
市場リスク				○				○	○			
信用リスク				○					○			
流動性リスク				○				○				
事業継続リスク				○								
レピュテーショナルリスク										○		
カントリーリスク							○	○	○	○	○	

④ リスクには包含関係がある

　リスクには包含関係もある。例えば、情報セキュリティリスクの１つである個人情報の漏えいを考えてみよう。Webサイトの設計不備から不正アクセスによって個人情報がインターネット上に流出した場合、Webシステムに脆弱性があるというシステムリスクの１つとして捉えることができる。さらに、個人情報保護法で求められている適切な個人情報の安全管理措置ができていないという意味では、情報セキュリティリスク、あるいはコンプライアンスリスクと捉えることもできる（図表1-10）。

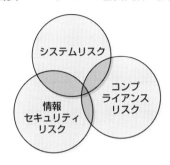

◆図表1-10　リスクの包含関係（例）◆

このようなリスクの特徴を踏まえると、どのようなリスクがあるか識別する際は、あまり固定的に考えず、広い視野で試行錯誤しながら進めるほうがよい。

 リスク視点からの内部監査の考え方

（1）リスクの原因と結果を考える

リスクが顕在化するには、何らかの原因がある。リスクの顕在化を高める原因となる事象、あるいはリスクが顕在化した際の影響を大きくしてしまう原因となる事象があるはずである。これらの事象もまた、リスクである。そうすると、"リスク"と表現するだけでは、"顕在化する事象"と"顕在化の原因となる事象"のどちらを指すのかが曖昧になる。本書では、顕在化する事象を「リスク事象」、その原因となる事象を「リスク要因」と定義して、この２つを区別する。

```
リスク ┬ リスク事象：顕在化する事象
       └ リスク要因：リスク事象の原因となる事象
```

リスク事象とリスク要因は、図表1-11に示すように、結果と原因の関係にある。また、リスク要因も事象であるので、その原因が別にある場合が多い。つまり、リスク事象をどれにするかによって、リスク要因は違ってくる。また、リスク事象とリスク要因は、1対1の関係とは限らない。何をリスク事象とし、その原因となるリスク要因に何を挙げるかがポイントとなる。具体的なリスク要因を探る方法については、第2章で解説している。

◆図表1-11　リスク事象とリスク要因の関係◆

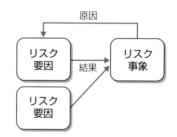

　なお、リスクマネジメントの用語に、「ペリル」と「ハザード」がある。リスクが顕在化する直接の原因がペリルであり、その影響を大きくさせてしまう原因をハザードという。例えば、工場の火災というリスク事象に対して、溶接の火花というペリルがあり、さらに引火性の高い液体が近くにあるのがハザードになる。

（2）リスク対応の実効性を重視する

　企業等には、営利であれ、非営利であれ、事業の目的がある。その目的に向かって、業務目標を具体的に設定し、ヒト、モノ、カネ、情報などの経営資源を使って日々邁進している。目標である以上、その達成を阻む何らかの弊害がつきものである。何の困難もなく達成できる目標は、そもそも目標とは言わないからである。その弊害を取り除き、目標を達成するための対策が必要になる。この弊害となるものがリスクであり、その弊害から業務を守る対策を行いながら目標に向かっていくことになる（図表1-12）。本書では、この対策のことを「リスク対応」という。

> リスク対応：リスクが顕在化する発生頻度あるいは影響度を引き下げる対応、
> または、顕在化した時の影響をできる限り小さくする対応

◆図表1-12　リスク対応のイメージ◆

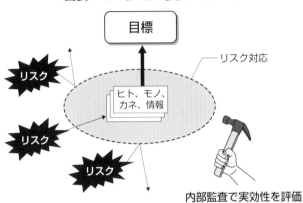

内部監査で実効性を評価

　このリスク対応の定義を踏まえると、リスクを評価する尺度には「発生頻度」と「影響度」の２つがある。この発生頻度と影響度をそれぞれ横軸と縦軸として示したものが図表1-13である。この図から、リスクは次の４つのタイプに分けることができる。

◆図表1-13　リスクの４タイプ◆

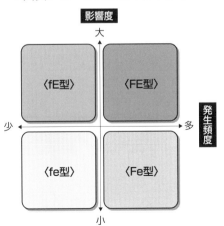

FE型リスク：発生頻度が多く、顕在化した時の影響度も大きいリスク

fE型リスク：発生頻度は少ないが、顕在化した時の影響度が大きいリスク

Fe型リスク：発生頻度は比較的多いが、顕在化した時の影響度は大きくないリスク

fe型リスク：発生頻度は少なく、顕在化した時の影響度も小さいリスク

　リスク視点からの内部監査では、発生頻度の多い、あるいは影響度の大きいリスク、つまり、〈FE型〉、〈fE型〉、〈Fe型〉のリスクを中心にリスク対応に不備や欠陥はないか、有効かつ継続して機能しているかなどの実効性を確かめることになる。

（3）固有リスクと残存リスクを区別する

　リスク対応を行えば、当然にリスクが顕在化する可能性は小さくなる。しかし、顕在化する可能性が必ずしもゼロになるとは限らない。むしろ、ゼロになることはほとんどない。リスク対応には限界があるからである。例えば、"生産ラインの停止" というリスク事象に対して、"工場の停電" というリスク要因を挙げたとする。その対策の1つとして、"自家発電装置" の設置というリスク対応が考えられる。自家発電装置によって、停電後の一定時間、電力を供給することが可能になる。そのために、1日から2日分の重油を備蓄するとともに、優先的に重油を供給してもらう契約を締結していることが多い。このリスク対応で、果たして生産ライン停止というリスクに対する対応は完璧だろうか。大きな地震によって道路が遮断されたり、幹線道路が渋滞したりした状況下でも、重油を積んだ車両が優先的に来るだろうか。

　このように考えると、リスク対応を行っても何らかのリスクは残ると考えたほうがよい。そこで、リスク対応を行う前のリスクと、リスク対応を行った後のリスクを区別して考える必要がある。リスク対応を行う前のリスクの

ことを一般に「固有リスク」(inherent risk) と言い、潜在的なリスクである。また、リスク対応を行った後に残っているリスクのことを「残存リスク」(residual risk) と言う。residualとは「残りの：残留している」(ウィズダム英和辞典) という意味である。"残存"とは、対応しきれずに残っている、あるいは留まっているということである。residual riskの訳語として"残余リスク"を使った文献もあるが、"残余"という表現は適切ではない。決して、余っているリスクではなく、必要があれば、まだ対応すべきリスクである。

> 固有リスク：リスク対応を行う前のリスク
> 残存リスク：リスク対応を行った後に対応しきれずに残っているリスク

　残存リスクが存在するということは、顕在化する可能性が残っているということになる。残存リスクが顕在化しても、その影響が許容範囲内であれば、そのまま受け入れればよいが、必ずしもそうとは限らない。残存リスクが顕在化した場合の影響を受け入れることができなければ、さらなるリスク対応が必要になる。しかし、そのためにはコストも発生する。それも、リスク対応を追加するたびにコストは高くなっていくことが多い。そうすると、コスト対効果の観点からは、これ以上のリスク対応は追加できないという状況に達する（図表1-14）。そうかといって、万が一、残存リスクが顕在化した場合の影響が大きいこともあり得る。このような状況を想定したリスク対応が、後述するリスク低減（影響度）とリスク顕在化時対応である。

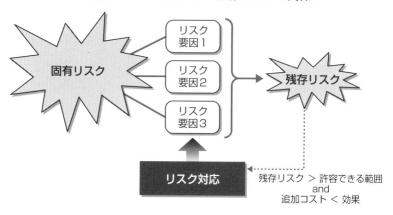

◆図表1-14　固有リスクと残存リスクの関係◆

固有リスク

リスク要因1

リスク要因2

リスク要因3

残存リスク

リスク対応

残存リスク ＞ 許容できる範囲
and
追加コスト ＜ 効果

（4）固有リスクベースで考える

　内部監査でリスク対応の実効性を評価する場合、固有リスクと残存リスクのどちらに焦点を当てて考えればよいだろうか。よく言われるのが、残存リスクベースで考える方法である。企業等ではすでに、何らかのリスク対応を行っているので、残存リスクベースで考えるほうが現状に近く、理解しやすいからである。

　残存リスクに焦点を当てた場合、残存リスクの大きいリスク、つまり、残存リスクが顕在化する発生頻度と顕在化した場合の影響度が相対的に高いリスクから監査することになる。しかし、残存リスクベースで本当に大丈夫だろうか。残存リスクベースで監査を進めることを否定するつもりはない。ただし、残存リスクベースで考えるということは、「リスク対応には不備や欠陥などはなく、有効かつ継続して機能している」ことが前提である点に留意する必要がある。リスク対応が機能しているようにみえているだけかもしれない。また、「今まで不具合が発生しなかったから安全だ」、あるいは「問題はない」と思っているだけかもしれない。業務やサービスなどの目標達成を阻むような事案が発生していないから、残存リスクは小さいと決めてかかっ

ていないだろうか。すなわち、残存リスクベースでの判断は、それこそ、リ
・
スクがあると言える。たとえ残存リスクが小さくても固有リスクが大きいと、
万が一、リスク対応に実効性がない場合に顕在化した時の影響は大きい。残
存リスクベースでは、このようなリスクを監査対象から外してしまうおそれ
がある。したがって、リスク対応の実効性を評価する際は、固有リスクベー
・
スで考えるべきである。

（5）モニタリングしてレビューする

　監査対象となる業務・サービスや情報システムなどは多い。一方で、有限
な監査資源で毎年、すべての監査対象を取り上げて評価することは難しい。
前回の監査実施から3年後など、どうしても期間が空いてしまうこともある。
その間、監査対象に関わる様々なリスクが全く変化しないのであれば、前回
と同様の監査項目を設定して、監査を実施することもできる。しかし、企業
等を取り巻く外部環境や内部環境は常に変化している。目にみえる変化もあ
れば、気がつかない間に変化していることもある。その変化に気づかず、従
来と同じリスク対応のままでいると、変化したリスクにリスク対応が合わな
くなり、実効性が低くなっていく。その結果として、リスクの顕在化する可
能性が高まることになる。外部環境や内部環境の変化からリスクの変化を捉
えることが重要である（図表1-15）。

◆図表1-15　リスクの変化◆

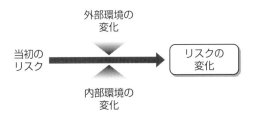

また、リスクの顕在化までは至らないような、いわゆる、ヒヤリハットの事象は日常的に起きていることが多い。ハインリッヒの法則のように、重大な事故の背景には300ものヒヤリハットが発生している〈コラム①　ハインリッヒの法則　参照〉。このヒヤリハットを放置していると、いずれ、リスクの顕在化につながる可能性が高くなる。逆に、ヒヤリハットをうまく捉えて対応することができれば、リスクの顕在化を低減することができる。

　したがって、内外環境の変化やリスク顕在化の予兆となるような事象（リスク先行事象）を常にモニタリングしてリスクの変化を捉え、リスクやリスク対応などをレビューして、監査対象や監査項目を見直すことが重要となる。

　ここまでみてきたことをモデル化すると、図表1-16のように表すことができる。本書では、このモデルを「リスク構造・対応モデル」と名づけることにする。

◆図表1-16　リスク構造・対応モデル◆

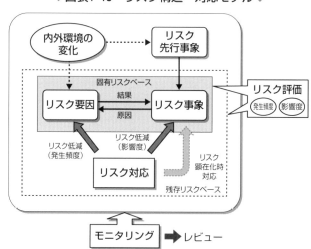

▶ハインリッヒの法則

ハインリッヒの法則とは、「1つの重大事故の背後には29の軽微な事故があり、その背景には300の事故に至らなかった異常が存在する」という経験則である。ある工場で発生した労働災害約5,000件を調べた結果、「重傷」以上の災害が1件あったら、その背後には29件の「軽傷」を伴う災害があり、300件もの傷害のない災害（いわゆる、ヒヤリハット）が起きていたという経験則の1つである。この経験則から、重大な事故が発生する前には、多くの予兆があると推察できる。逆に言えば、予兆を捉えて適切な対応をしておかないと、いずれ、大きな事故が発生する可能性がでてくる。

5 リスク視点からの内部監査のプロセス

前節までのことを踏まえて、本節では、リスク視点からの内部監査の進め方を次の4つのプロセスに分けて整理する。

Ⅰ．リスクの識別と評価
Ⅱ．リスク対応と証拠資料の特定
Ⅲ．リスク対応の実効性評価と監査証拠の入手
Ⅳ．モニタリングとレビュー

（1）リスクの識別と評価

最初のプロセスは、「リスクの識別と評価」である。このプロセスでは、まず、監査対象となる業務・サービスや情報システムなどにおいて、どのようなリスク事象が考えられ、そのリスク事象の原因となるリスク要因には何があるかを挙げる。識別されるリスクは1つだけではなく、複数のリスクが挙げられるのがほとんどである。考えられるリスクすべてについて、そのリスク対応の実効性を監査で確認できればよいが、監査資源は限られているので、リスクの重要性、つまり、発生頻度と影響度を評価する。

（2） リスク対応と証拠資料の特定

　2番目のプロセスは、「リスク対応と証拠資料の特定」である。識別されたリスクに対して、その顕在化を抑えるには、どのような対応が必要かを想定し、特定する。監査では、そのリスク対応に不備や欠陥などがないか、有効かつ継続して機能しているかどうかを評価しなければならないので、監査人は確かめたいことに関連性があると考える資料をあらかじめ洗い出して特定しておくことも重要になる。証拠資料を監査前に特定しておかないと、監査の実施時に何を確認したらよいかを考えなくてはならず、効率が悪いだけでなく、確認すべきことを漏らしてしまうことにもなるからである。事前に証拠資料をある程度は特定しておくほうがよい。ここまでのプロセスが、監査計画に相当する部分である。

（3） リスク対応の実効性評価と監査証拠の入手

　リスク対応と証拠資料が特定できたら、3番目のプロセスでは、リスク対応に不備や欠陥などがなく、有効かつ継続して機能していること、つまり、「リスク対応の実効性評価と監査証拠の入手」である。ここでは、如何に的を射た指摘事項として問題や課題を抽出できるかがポイントになる。このプロセスは、監査の実施と報告に相当する。また、監査を通じて発見された問題や課題は、対応が完了するまでフォローアップしなければならない。ここは、文字通り、フォローアップである。

（4） モニタリングとレビュー

　最後のプロセスは、「モニタリングとレビュー」である。外部環境や内部環境にアンテナを張り巡らせて変化をキャッチし、リスクの変化を事前につかむとともに、日々の業務・サービスや情報システムなどの状況を把握して、リスク顕在化の予兆をキャッチする。これらのモニタリングとレビューを通じて、リスクやリスク対応、監査対象や監査項目を見直すことになる。これ

は「（1）リスクの識別と評価」のプロセスへのインプット情報にもなる。

　これら一連のプロセスは、いわゆるPlan-Do-See（PDS）サイクルになっている。「Ⅰ．リスクの識別と評価」および「Ⅱ．リスク対応と証拠資料の特定」がPlan、「Ⅲ．リスク対応の実効性評価と監査証拠の入手」がDo、そして「Ⅳ．モニタリングとレビュー」がSeeである（図表1-17）。

◆図表1-17　リスク視点からの内部監査のプロセス◆

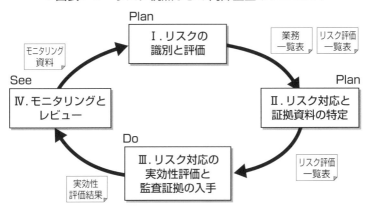

　各プロセスの詳細は、リスクの識別と評価については第2章、リスク対応と証拠資料の特定については第3章、リスク対応の実効性評価と監査証拠の入手については第4章、そして、モニタリングとレビューについては第6章をそれぞれ参照してほしい。

ここがポイント！

- ●何をリスク事象とし、リスク要因に何を挙げるか
- ●固有リスクベースで考える
- ●内外環境の変化をモニタリングする
- ●リスク顕在化の予兆をつかむ

コラム②

▶リスクアプローチ監査

　リスクアプローチ監査とは、監査リスクの存在を前提として、リスクの高い分野に優先的に監査資源を配分して効果的かつ効率よく行うアプローチである。

　「監査リスク」とは、日本公認会計士協会の定義によれば、「監査人が財務諸表の重要な虚偽表示を看過して誤った意見を形成する可能性」とある。この定義を内部監査に拡大解釈すれば、「内部監査人が重大な問題点を看過することによって誤った監査意見を形成し、指摘事項とする可能性（リスク）」と言えるであろう。

　一般には、次のような監査リスクのモデルがある。

　　　　監査リスク　＝　固有リスク　×　統制リスク　×　発見リスク

　ここで「統制リスク」とは、リスク対応が有効に機能しないリスクであり、「発見リスク」とは、監査人が重大なエラー（不備）を発見できないリスクである。

　リスク視点からの内部監査の実務では、リスクアプローチ監査もリスクベース監査も本質的な違いはないので、同義語と捉えてよい。

第2章 リスクの識別と評価

内部監査は、業務・サービスや情報システムなどの重要性を踏まえて、効果的かつ効率よく実施する必要がある。本章では、リスク視点からの内部監査を進めるスタートとして、業務・サービス、情報システムなどを取り巻くリスクを識別し、その発生頻度と影響度からリスクを評価するプロセスについて解説する。また、識別したリスクを"診える化"する方法についても説明する。このプロセスによって、内部監査を実施する優先順位を決めることができる。

本章の内容

▶ 業務・サービスの洗い出し
▶ リスクの識別
▶ 固有リスクの評価
▶ リスクの診える化

◆図表2-1 「リスクの識別と評価」プロセス◆

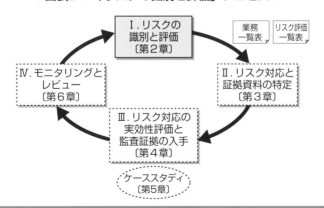

業務・サービスの洗い出し

　企業等には、それぞれ事業の目的がある。その目的を実現するために、様々な業務やサービスを行っている。また、その業務・サービスを支援するために情報システムも利用している。リスク視点からの内部監査は、まず、どのような業務やサービスを行っているかを把握することから始まる。業務やサービスの概略を把握するには、例えば、次の事項を知る必要がある。

- 業務・サービス名
- 業務・サービスの概要
- 業務・サービスの主管部門
- 業務・サービスの主要な情報
- 業務・サービスを支援する情報システム
- 業務・サービスの外部委託
- 業務・サービスに関連する法令

　これらの情報をまとめたものが図表2-2である。この業務・サービス一覧表の最左列に並ぶ業務・サービスが、監査対象の候補として挙がってくる。

◆図表2-2　業務・サービス一覧表（例）◆

業務・サービス名	概要	主管部門	主要情報	情報システム	外部委託	関連法令など

業務・サービス一覧表の応用として、代わりに組織を置いてみると、図表2-3に示すような組織一覧表ができる。

◆図表2-3　組織一覧表（例）◆

組織名	業務分掌	体制	主要情報	情報システム	外部委託	関連法令など

また、情報システムを置けば、情報システム一覧表になる（図表2-4）。情報システム一覧表を使えば、システム監査の対象となる情報システムの候補が挙げられる。

◆図表2-4　情報システム一覧表（例）◆

情報システム名	概要	機能	主要データ（連携含）	主要アウトプット	発生障害（直近1年）	外部委託

　具体的に、第1章で登場したA社で考えてみよう。A社の事業概要は、図表2-5の通りである。A社は、消費生活用製品を製造・販売しているので、自社製品の研究開発から始まり、製品を設計し、生産に必要な原材料や部品を調達する。そして、工場で生産した後、販売会社やインターネットを通じて販売している（図表2-6）。また、A社は上場会社であることから、これらの主要事業をはじめとした連結会社全体の財務情報を有価証券報告書として開示する必要もある。

◆図表2-5　A社の事業概要◆

　A社は、消費生活用製品の製造・販売を業とする事業会社であり、従業員数約500名の上場会社である。

　自社製品の製造工場は国内に10拠点、海外に3拠点ある。工場に常駐している外部委託要員は約1,000名である。製品の主要部品は、自社で開発している。それ以外の周辺部品については、国内5社、海外2社の部品メーカーから調達している。

　工場で生産された製品は、子会社である販売会社2社を通じて販売代理店や大手量販店に納入され、一般販売されている。また、インターネットによる通信販売も3年前から行っている。

　さらに、今後の自社製品の需要増加を想定し、1年前からアジア地域の海外製造メーカー1社に主要部品の製造技術情報を提供して製造を委託している。

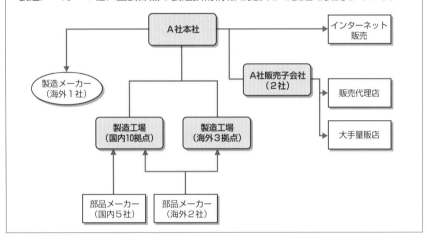

◆図表2-6　A社の業務の流れ◆

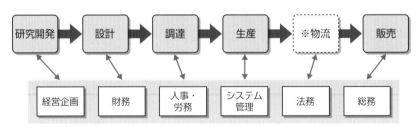

28

　図表2-6の業務の流れの中には、物流も挙げている。A社では、工場で生産された製品を販売会社などに移送する事業、つまり、物流の事業は行っておらず、外部の物流業者に委託している。しかし、物流はサプライチェーンの重要な部分なので、外部に委託していても業務として取り上げておく必要がある。この業務の分け方はあくまで一例であり、もう少し細かく分けても構わない。ただし、あまり細かく分けてしまうと、全体を俯瞰したものがなかなかでき上がらないので注意してほしい。最初は、多少、粗っぽい分け方でも十分である。これらを先ほどの業務・サービス一覧表にまとめると、例えば、図表2-7のように整理できる。

◆図表2-7　A社の業務・サービス一覧表（例）◆

業務名	概要	主管部門	主要情報	情報システム	外部委託	関連法令など
研究開発・設計	製品設計、開発管理など	設計部門技術部門	設計情報	設計管理システム	―	不正競争防止法
調達	原材料・部品の調達管理、在庫管理など	資材部門	在庫情報	資材管理システム	原材料メーカー	―
生産	生産計画、工程管理、品質管理、原価管理など	製造部門	生産情報品質情報原価情報	生産管理システム品質管理システム原価管理システム	海外メーカー	製造物責任法
※物流（外部委託）	輸送管理、保管管理など	(販売部門)	入出庫情報配送情報	(配送情報システム)	物流業者	
販売	受注管理、出荷管理、債権・債務管理など	販売部門	販売情報	販売管理システム	―	商法不正競争防止法
経営企画	経営計画、経営管理など	経営企画部門	経営情報	経営情報システム	―	会社法、商法
財務	予算管理、財務管理など	経理部門	売上情報原価情報	財務管理システム管理会計システム	―	会社法
人事・労務	雇用管理、賃金管理、労務管理、安全・衛生管理など	人事部門	人事情報労務情報	人事システム	―	労働基準法労働安全衛生法労働契約法
システム管理	開発管理、運用管理、構成管理、セキュリティ管理、障害管理など	システム部門	―	構成管理システム	ハードウェアベンダー開発ベンダー	―
法務	契約管理、訴訟管理など	法務部門	契約情報	契約管理システム	―	民法民事訴訟法
総務	固定資産管理など	総務部門	資産情報	固定資産管理システム	警備会社	消防法、民法

重要な業務・サービスに関わるリスクの識別

　企業等の業務・サービスには、大なり小なり何らかのリスクがつきものである。全くリスクがなくて儲かるような、都合のよいビジネスはない。逆に言えば、あえてリスクを背負っている。リスク視点からの内部監査では、業務・サービスの目標達成を阻害するリスク事象には何があるかを考える。目標達成を阻害するということは、業務・サービスが予定通りに進まないということなので、そのような状況になる理由として何があるのかを挙げてみるとよい。

　では、業務・サービスを取り巻くリスク事象として、どのようなものがあるかを検討してみよう。リスク事象を洗い出すには、次の2つのアプローチがある。1つは、リスク事象として考えられるものをまず洗い出す方法である。この方法では、とにかく、リスクと考えられる事象を思いつくままに洗い出す。もう1つの方法は、仮のリスク事象と仮のリスク要因を洗い出してから、何をリスク事象とするかを決める方法である。

　第1章でみたように、リスク事象とリスク要因は、1対1の関係とは限らない。また、リスク事象をリスク要因に、リスク要因をリスク事象にそれぞれ読み替えると、結果の結果、原因の原因というように、リスクの連鎖がある（図表2-8）。

◆図表2-8　リスクの連鎖◆

リスク事象と思うものを片っ端から挙げても、実はそれはリスク要因とすべきものかもしれない。本書では、2番目の方法である仮リスク事象と仮リスク要因を洗い出してから、リスク事象を識別する方法で進めることにする。そこで、図表2-9に示すような「リスク識別ワークシート」を使って、リスク事象とリスク要因を考えていく。

◆図表2-9　リスク識別ワークシート◆

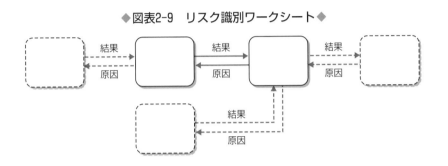

　ここで、ワークシートの使い方を少し補足しておきたい。本書では、リスク識別ワークシート以外にも何種類かのワークシートを提示していく。使い方はあくまで自由であるし、適宜、カスタマイズしてほしい。ただし、正解のない答えを探すことになるので、できるだけ思考を活性化させて、試行錯誤する必要がある。できれば、ワークシートをA3判くらいの大きさにプリントアウトして、手書きで使用するほうがよい。パソコンの画面上で使用しても、もちろん構わない。ただし、画面上で考えると、どうしても見かけ上のアウトプットに注意がいってしまいがちになる。きれいに配置しようとか、フォントサイズを何ポイントにしようとか、色をつけたり、影を入れてみたりしようとか、つい考えてしまう。内容がほとんど検討できていないのに、見かけ上、きれいなワークシートができたことに満足してしまい、完成したと錯覚してしまう。この時点で、いわゆる思考停止状態に陥ってしまうおそれがある。画面サイズの制約から、全体を俯瞰しづらいこともデメリットである。ワークシートはあくまでも試行錯誤したり、漏れやダブりをみつけた

り、対応関係をチェックしたりすることを助ける思考ツールである。きれいに作成するものではない。また、一旦、考えがまとまったと思ったら、翌朝、もう一度、確認してみる。これを、"一晩、寝かせる"と筆者はよく言っている。ぜひ、紙とエンピツを使って思考を活性化させてほしい。

（1）リスク事象からリスク要因を考える〈その1〉

前節のA社の例で具体的に考えてみよう。A社は製造・販売の事業会社なので、事業の目標が達成できなくなるような事象の1つとして、次のようなことが想定できる。

> **地震によって、工場の生産ラインが停止する**

ここで、「XによってY」という表現をあえてしている。日常においても、何気なく「〜によって」という表現を使っていると思う。このXの前の部分がリスク要因、Yの部分がリスク事象になる。

> **リスク要因　によって、リスク事象**

この例では、"地震"が「リスク要因」、"生産ラインの停止"が「リスク事象」に該当する。ひとたび、大きな地震が発生すれば、製品を生産するという業務の継続に影響を及ぼす被害が生じるおそれがある。また、地震はいつ発生するか予測が難しく、発生した時にどれくらいの揺れになるかもわからない。このように考えると、地震という事象は、業務に重要な影響を及ぼすので、リスク要因として挙げてもよいように思われる。そこで、生産ラインの停止を仮リスク事象、地震を仮リスク要因として、リスク識別ワークシートに当てはめると、図表2-10のようになる。

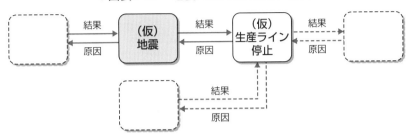

◆図表2-10　"地震"はリスク要因？（1）◆

そうすると、次に考えるのは、地震の原因は何か、つまり、地震のリスク要因は何かである。一般に地震は、地球内部のプレートが移動して、プレート間にひずみが生じるときの振動によって大地が揺れると言われているので、プレート間のひずみを仮リスク要因として追加すると、図表2-11のようになる。

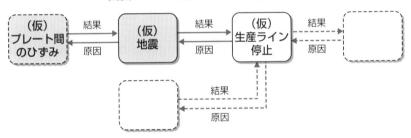

◆図表2-11　"地震"はリスク要因？（2）◆

　図表2-11をみてみると、"生産ラインの停止"という仮リスク事象に対する仮リスク要因は"地震"、また、その仮リスク要因は"プレート間のひずみ"となっている。これらのリスク要因は、直接、業務には結びつかない事象である。プレート間のひずみを低減できるようなリスク対応は、SFの世界ならまだしも、現実には行いようがない。つまり、地震という事象を仮リスク要因として検討を始めると、わけがわからなくなってしまったのである。

　このように考えてみると、内部監査の目的からみた場合には、地震という事象をリスク要因として挙げることは適していないと言える（図表2-12）。

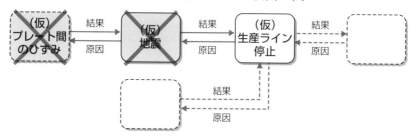

◆図表2-12 "地震"はリスク要因？(3)◆

　リスク要因には、あくまで、組織目標の達成にマイナスの影響を及ぼす直接的で具体的な事象を挙げることがポイントになる。

(2) リスク事象からリスク要因を考える〈その2〉

　改めて、リスク要因を考え直してみよう。すでに検討したように、地震という事象は、組織目標の達成にマイナスの影響を及ぼす直接的な事象ではないので、リスク要因として挙げることは適切ではない。そうすると、生産ラインが停止する原因となる他の事象を考える必要がある。ここからは、想像力をいかに膨らますかにかかってくる。内部監査人全員でのブレーンストーミングなどが効果的かもしれない。先ほどの"地震"という事象から連想すると、例えば、"停電の発生"という事象が挙げられる。2011年3月11日の東日本大震災によって、長時間にわたる生産ライン停止があった。このような大規模な停電は滅多に発生しない。日常的には、送電線への落雷などによって、瞬時電圧低下（瞬低）や短時間停電なども生じている。そこで、瞬低・停電を仮リスク要因としてリスク識別ワークシートに当てはめると、図表2-13のようになる。

◆図表2-13　リスク要因を考える(1)◆

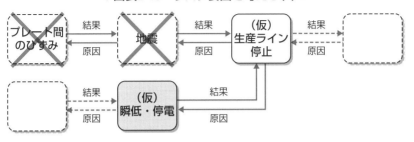

　では、生産ライン停止のリスク要因は、この瞬低・停電だけだろうか。生産ラインが停止する原因は、ほかにも考えられる。例えば、生産ラインを制御している情報システムに障害が発生したら、生産ラインが停止する可能性がある。また、生産に必要な部品在庫が不足したら、生産ラインを停止せざるを得ない。これらも仮リスク要因として追加すると、図表2-14に示すようになる。

◆図表2-14　リスク要因を考える(2)◆

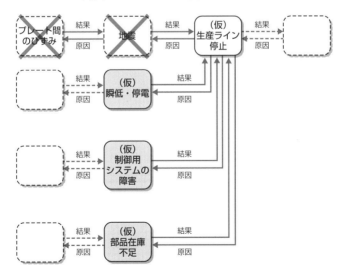

さらに、リスクの連鎖を追ってみよう。瞬低・停電というリスク要因をリスク事象と読み替えると、その原因には何が挙げられるだろうか。瞬低・停電の原因としては、例えば、工場の配電盤ショートや受電設備故障などが考えられる。同様に、制御用システムの障害というリスク要因をリスク事象と読み替えると、制御プログラムの不備（いわゆる、プログラムバグ）や、制御用システムを構成するハードディスク障害などが挙げられる。また、部品在庫不足というリスク要因をリスク事象と読み替えると、昨今の感染症などの世界的な流行（パンデミック）などで生じたように、部品供給元からの調達ができなくなることが考えられる。これらを追加すると、図表2-15に示すようになる。

　このようにして、1つのリスク事象からその原因を次々と挙げていくことで、具体的なリスク要因が浮かび上がってくる。

◆図表2-15　リスク要因を考える(3)◆

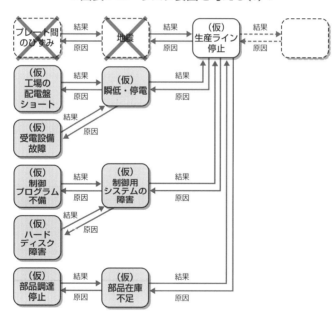

（3）リスク事象の結果を考える

　逆に、リスク事象の結果として、どのようなリスクが顕在化する可能性があるかという見方もできる。この例では、工場の配電盤がショートした結果として工場内が停電し、その結果として生産ラインが停止するということになる。では、生産ラインが停止したら、どのようなリスクの顕在化が考えられるだろうか。例えば、製品の生産ができなくなったり、生産途中の仕掛品が不良品となって廃棄しなければならなくなったりするかもしれない。結果として、製品が出荷できなくなる（図表2-16）。

◆図表2-16　リスク事象の結果を考える◆

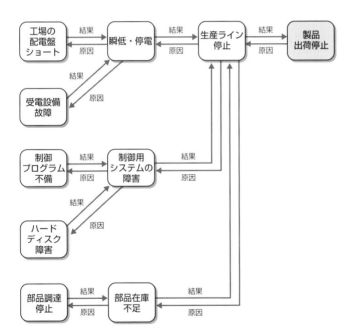

第2章　リスクの識別と評価

37

（4）リスク事象とリスク要因を探る分析手法

　このように、リスク事象からリスク要因を探り、また、その原因となるリスク要因を探る方法を一般化した分析手法が、「イベントツリー分析（ETA：Event Tree Analysis）」である。逆に、リスク要因からどのようなリスクが顕在化するか、その結果どうなるかというようにリスク事象を探る分析手法が、「フォールトツリー分析（FTA：Fault Tree Analysis）」である（図表2-17）。

◆図表2-17　ETAとFTAによるリスク識別◆

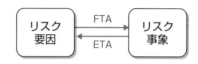

　また、ビジネススキルの1つとしてよく知られている「ロジックツリー」による分析も、リスク事象とリスク要因を探るときに使うことができる。リスク事象からリスク要因を探るのが"Why So?"（なぜ、そうなるのか）というアプローチである。逆に、リスク要因からリスク事象を探るのが"So What?（だから、どうなるのか）"というアプローチである（図表2-18）。

　ロジックツリーは、いろいろな局面で利用できる。詳しく知りたい方は、多くの解説書がでているので、そちらを参照してほしい。

◆図表2-18　ロジックツリーによるリスク識別◆

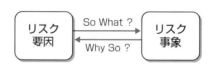

ここで留意しておくべきことは、リスクの識別では、リスク対応後の状態は考慮しないということである。第1章でも述べたように、「リスクに対して何らかの対応をすでに実施しているからリスクはない。つまり、残存リスクはない」としてはいけない。リスク対応が有効に機能しなければ、途端にリスクが顕在化する可能性が高まるからである。また、リスクがない、あるいは小さいとしてしまうと、監査の対象から外れてしまうおそれもある。この段階では、まだ、リスク対応をしているかどうかは考慮しないようにする。

（5）ほかにもリスク事象はある

　これまでの検討では、生産ラインの停止をリスク事象として挙げて、リスク要因を探ってきた。しかし、リスク事象はそれだけではない。製品をいくら生産しても、売れなければ話にならない。また、製品を生産すると一言で言っても、競合他社に勝つような製品を開発する必要がある。一方で、製品の設計情報が競合他社に流出して、不正に利用されるおそれもある。生産に必要な部品のメーカーが倒産したら、調達できなくなるかもしれない。工場での労働災害や過重労働なども防止しなければいけない。また、完成した製品の品質は一定以上に確保する必要があるし、万が一、製品の品質不良があれば早期に回収しなければならない。業界規制や関連法令などによる制限も考えられる。このように、組織目標の達成を阻害するリスクには様々なことが考えられる。A社で言えば、例えば、図表2-19のようなリスクが挙げられる。

◆図表2-19　A社を取り巻く様々なリスクの例◆

感染症拡大
自然災害
（地震、水害、火災など）
情報漏えい
（個人情報、営業秘密など）
サイバー攻撃
損害賠償責任
製品出荷停止
不正な取引
知的財産権侵害
品質不良
コスト超過
リコール
納期遅延
情報システム障害
（停止、遅延、誤表示、誤処理など）
取引先経営不振
業界規制違反
誤請求
36協定違反
風評
反社会的勢力との取引
偽装請負
ハラスメント
虚偽報告
下請法違反
テロ
ストライキ

モノ
サービス　A社　情報
カネ　ヒト

　ここまで挙げたリスクは、あくまでA社を想定した一例である。同業の製造・販売事業会社であっても、外部環境や内部環境はそれぞれ異なる。つまり、識別するリスクにも違いがでてくるので、リスクの全体像を一意に提示するのは難しい。

ここがポイント！

● 業務・サービスに直接関わる具体的なリスクを考える

● ロジックツリーでリスク事象とリスク要因を識別する

コラム③

▶製造物責任法

　製造物責任法とは、消費者が購入した商品（製造物）に欠陥があり、それによって、消費者に損害が生じた場合の製造業者などの損害賠償責任について定めた法律であり、PL（Product Liability）法とも呼ばれている。

　ここで製造物、欠陥とは、次のように定義されている。

製造物：製造又は加工された動産（第2条1項）
欠陥　：当該製造物の特性、その通常予見される使用形態、その製造業者等が

当該製造物を引き渡した時期その他の当該製造物に係る事情を考慮して、当該製造物が通常有すべき安全性を欠いていること（第2条2項）

欠陥は、設計上の欠陥、製造上の欠陥、そして、指示・警告上の欠陥の3つに分類される。

設計上の欠陥：設計自体に問題があるために安全性を欠いた場合
製造上の欠陥：製造物が設計や仕様通りに製造されなかったために安全性を欠いた場合
指示・警告上の欠陥（設計指示の抗弁）：
　　　　　製造物から除くことが不可能な危険がある場合に、その危険に関する適切な情報を与えなかった場合

一般に不法行為による損害賠償責任を追及する場合には、加害者（製造業者など）に故意・過失があったことを被害者側（消費者）が立証しなければならない。しかし、一般消費者がそのような立証をするのは、ほぼ不可能である。このような問題を解決するために制定されたのが製造物責任法である。同法では、製造業者の過失を要件とせず（無過失責任）、製造物に欠陥があったことを要件とすることで損害賠償責任を追及しやすくしている。

上記3つの欠陥は、3ステップメソッドの3ステップで低減すべきリスクに対応したものと考えてよい〈コラム⑦　3ステップメソッド　参照〉。

3 固有リスクの評価

リスク事象とリスク要因が識別できたら、次はその固有リスクを評価する。リスクを評価する方法にはいろいろある。よく使われているのが、リスクが顕在化する発生頻度とリスクが顕在化した時の影響度による評価である。まだリスクが顕在化していないので、将来のことを評価することになる。当然、正確なことはわからない。今までの経験や他社で起きたこと、様々な予測情報などを踏まえて、広い視点から評価する必要がある。

この評価結果を踏まえて、内部監査を実施する優先順位を決めることになるので、リスクの評価は重要である。ただ、重要だからといってあまり身構

えると、なかなか先に進まないことになる。リスク評価の判断基準に明確な
ものはなく、リスクを評価する者の判断が入り込み、本当にその評価でよい
のかをなかなか決めきれないからである。リスクを評価する際のコツは、あ
まり悩まずに評価することに尽きる。最初からパーフェクトな評価をしよう
と力まないで、やってみることである。

（1）固有リスクの発生頻度の評価

　固有リスクの評価の1つ目は、リスクが顕在化する発生頻度である。発生
頻度を評価する決まった方法はないので、評価しやすいように決めればよい。
例えば、発生頻度を3区分とすると図表2-20に示すように分けられる。

◆図表2-20　発生頻度の評価（例1）◆

発生頻度	内　　　容
多	月に1回以上、顕在化する
中	1年に1回程度、顕在化する
少	顕在化は数年に1回程度である

　厳密に評価しようと考えて、あまり細かく分けると迷ってしまうので注意
してほしい。最も簡単な分け方は、次の2区分である（図表2-21）。

◆図表2-21　発生頻度の評価（例2）◆

発生頻度	内　　　容
多	年に1回以上、顕在化する
少	顕在化は年に1回未満である

（2）固有リスクの影響度の評価

2つ目は、固有リスクの影響度による評価である。影響度とは、リスクが顕在化した場合に、"誰に"どの程度の"影響"が及ぶかである。"誰に"には、例えば、組織内の人、取引先の人、サービスを利用している人などがある。また、"影響"とは、被害の大きさである。最も大きな被害は、人命に関わる被害であろう。それ以外にも、物損、機会損失などがある。リスクが顕在化した場合の影響度は、発生頻度と同様、一意ではない。例えば、顕在化した場合の影響度を3区分に分けた場合は、次のようになる（図表2-22）。

◆図表2-22　影響度の評価（例）◆

影響度	内　　容
大	1回の顕在化で100万円以上の被害額が発生する
中	1回の顕在化で10万円以上100万円未満の被害額が発生する
小	1回の顕在化での被害額は10万円未満である

この例では、リスクの影響度を金額で表している。金額の閾値（境界値）をどこに設定するかはそれぞれの企業等によって異なるので、一概には決められない。目安の1つとしては、稟議基準を参考にするとよい。

固有リスクを評価する際のガイドとして、「固有リスク評価ワークシート」を用意したので、必要に応じて利用してほしい。A社の例を記入したのが図表2-23である。

◆図表2-23　固有リスク評価ワークシート（記入例）◆

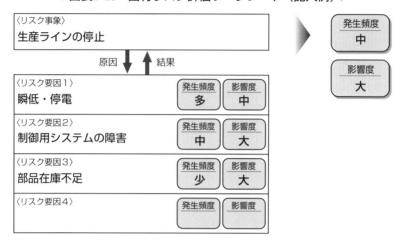

また、このワークシートの結果を一覧表形式で整理すると、図表2-24のようなリスク評価一覧表になる。

◆図表2-24　リスク評価一覧表◆

No.	業務・サービス		リスク事象	リスク要因	固有リスク評価	
	大分類	中分類			発生頻度	影響度

ただし、図表2-24のリスク評価一覧表には固有リスクの評価までしかない。残存リスクの評価まで含めた一覧表は、第３章の図表3-29を参照してほしい。

ここがポイント！

● 固有リスクは発生頻度と影響度で評価する

コラム④

▶ リスク・ホメオスタシス理論

　リスク・ホメオスタシス理論とは、安全性を高めてリスクを低減する対策があると、安全になった分だけ、人はより大胆な行動をとるようになり、結果としてリスクが顕在化する確率は一定の範囲内に保たれるという理論である。「ホメオスタシス」とは、生体が内外の環境変化に関係なく形態的・生理的性質を一定に保とうとする性質のことで、体温や血糖値の調節など、意思とは関係なく自律的に行われている身体のしくみの１つである。

　エラーが表示されていないから正常だと考えたり、チェックリストの項目がOKだから問題ないと考えたりすることも、リスク・ホメオスタシス理論の現象の一種と考えられる。

４ リスクの診える化

　固有リスクの評価ができたら、リスクを"診える化"してみよう。あえて"診"の字を使っている。白川静の『常用字解』によれば、"診"という字には、「人の体に発疹のできている形。これは体内に病気のある前ぶれであるから、その病む所を診（み）ることを診という。」という意味がある。リスクを単に眺めているだけであれば"見"でも構わないが、どの業務・サービスや情報システムなどにどの程度のリスクがあり、どのように対応しておくべきかを考えるには、"診"のほうがより適切だと筆者は考えている。

　リスクを診える化する方法は、いろいろ考えられる。例えば、前出の図表2-24のように、リスクを一覧で列挙するのも診える化である。ただ、一覧表だと、どのリスクが重要であるかを文字から読み取らないといけない。そこで、リスク評価の結果を使ってリスクを診える化する２つの方法を紹介する。なお、固有リスクの評価は、第３章で述べるリスク対応を特定してからでもよい。

（1）リスク値による診える化

　"リスク値による診える化"とは、リスクの大きさを数値で表す方法である。前節の固有リスクの評価で挙げた発生頻度を3区分、影響度を3区分とした例において、各区分の評価点を3点、2点、1点とすると、それぞれ図表2-25、図表2-26に示すようになる。

◆図表2-25　発生頻度の数値化（例）◆

発生頻度	内　　容	評価点
多	月に1回以上、顕在化する	3
中	1年に1回程度、顕在化する	2
少	顕在化は数年に1回程度である	1

◆図表2-26　影響度の数値化（例1）◆

影響度	内　　容	評価点
大	1回の顕在化で100万円以上の被害額が発生する	3
中	1回の顕在化で10万円以上100万円未満の被害額が発生する	2
小	1回の顕在化での被害額は10万円未満である	1

　リスク値の算出は、次のように発生頻度と影響度の評価点の積で表すことが多い。

リスク値　＝　発生頻度　×　影響度

　例えば、発生頻度が［多］で影響度が［中］の場合、リスク値は次のように計算できる。

発生頻度［多］、影響度［中］のリスク値　＝　3　×　2　＝　6

　発生頻度と影響度のすべての組合せを計算すると、リスク値は図表2-27に示すようになる。

◆図表2-27　リスク値の計算（例1）◆

		発生頻度		
		少	中	多
影響度	大	3	6	9
	中	2	4	6
	小	1	2	3

　図表2-27をみると、発生頻度［多］で影響度［中］のリスク値と、発生頻度［中］で影響度［大］のリスク値は同じ6点である。しかし、リスク値が同じだからといって、リスク対応も同じレベルで構わないということではない。もし、発生頻度よりも影響度に重きをおくのであれば、影響度の評価点を図表2-28に示すようにすれば、リスク値は図表2-29のように変わってくる。そうすると、発生頻度［多］で影響度［中］のリスク値は9点、発生頻度［中］で影響度［大］のリスク値は10点となり、影響度に重きを置いたリスク値になる。各区分の評価点を何点にするかの決まりはないので、何パターンかを試行錯誤して決めるとよい。

◆図表2-28　影響度の数値化（例2）◆

影響度	内　　容	評価点
大	1回の顕在化で100万円以上の被害額が発生する	5
中	1回の顕在化で10万円以上100万円未満の被害額が発生する	3
小	1回の顕在化での被害額は10万円未満である	1

◆図表2-29　リスク値の計算（例2）◆

		発生頻度		
		少	中	多
影響度	大	5	10	15
	中	3	6	9
	小	1	2	3

〈参考〉

　情報セキュリティにおける資産のリスク値は、資産価値、脅威レベル、脆弱性レベルを用いて、次のように数値化していることが多い。

$$ \text{リスク値　=　資産価値　×　脅威レベル　×　脆弱性レベル} $$

　ここで、資産とは守るべきものであって、例えば、図表2-30に示すような資産が挙げられる。

◆図表2-30　資産（例）◆

資産の種類	例
情報	契約書、取締役会議事録、営業日報、取引先名簿、設計書、販売マニュアル、顧客データ、財務会計データ、販売データ、生産データなど
ソフトウェア	業務用ソフトウェア、オペレーティングシステム、データベース管理ソフト、ユーティリティソフトウェアなど
ハードウェア	サーバ、パソコン、ネットワーク機器など
ヒト	保有資格、スキル、経験など
無形資産	知的財産権、営業秘密、ノウハウなど

出所：島田裕次・榎木千昭・澤田智輝・内山公雄・五井孝『ISO 27001規格要求事項の解説とその実務』日科技連出版社、2006年、58頁に基づき、筆者作成。

　また、資産価値は、機密性、完全性、可用性のそれぞれに対して、例えば、図表2-31に示すことができる。

◆図表2-31　資産価値（例）◆

	資産価値		
	高（3点）	中（2点）	低（1点）
機密性	関係者のみに限定	社内に限定	一般に公開可能
完全性	改ざんによる影響は重大	改ざんによる影響は大きい	改ざんによる影響は小さい
可用性	利用できない場合、1時間以内の復旧が必要	利用できない場合、1日以内の復旧が必要	利用できない場合、翌日以降の復旧でも可能

資産価値は、機密性、完全性、可用性の積で数値化されることが多い。機密性が"高"、完全性が"中"、可用性が"低"の資産Pの価値は、次のように計算される。

$$資産Pの価値 = 機密性 \times 完全性 \times 可用性$$
$$= 3 \times 2 \times 1$$
$$= 6$$

また、脅威とは、「情報資産や情報システムなどの資産、あるいは組織に損失や損害を及ぼすセキュリティ事故の潜在的原因」であり、脆弱性とは、「脅威の発生を誘引する弱点」のことである。脅威レベルと脆弱性レベルは、例えば、図表2-32、図表2-33に示すことができる。

◆図表2-32　脅威レベル（例）◆

	高（3点）	中（2点）	低（1点）
脅威レベル	通常の業務の中で発生	専門知識を有する者の悪意、あるいは不注意で発生	通常の業務の中では、ほとんど発生しない

◆図表2-33　脆弱性レベル（例）◆

	高（3点）	中（2点）	低（1点）
脆弱性レベル	専門知識を有しない者でも実施可能	専門知識を有する者が実施可能	専門知識を有する者でも実施はほとんど不可能

資産Pの脅威レベルが"高"、脆弱性レベルが"中"であれば、資産Pのリスク値は、次のように計算できる。

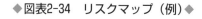

$$資産Pのリスク値 \quad = \quad 資産価値 \quad × \quad 脅威レベル \quad × \quad 脆弱性レベル$$
$$= \quad\quad 6 \quad × \quad 3 \quad × \quad 2$$
$$= \quad\quad 36$$

（2）リスクマップによる診える化

もう1つの"リスクの診える化"は、リスクの発生頻度を横軸、影響度を縦軸にプロットして表現する方法である。これは、「リスクマップ」あるいは「リスクマトリックス」などとも呼ばれている。

例えば、発生頻度と影響度をそれぞれ3区分で評価した場合、図表2-34に示すように、9つのボックスができる。一番右上のボックス1には、発生頻度が多く、顕在化した時の影響度も大きいリスクがプロットされる。つまり、このボックス1に入るリスクは、企業等にとって最も注意すべきリスクとして認識しておく必要がある。内部監査では、このリスクに対するリスク対応について最優先で評価する必要がある。

◆図表2-34　リスクマップ（例)◆

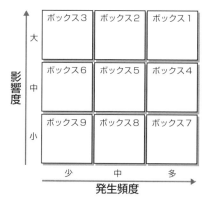

例えば、A社の図表2-23で挙げた「生産ラインの停止」リスクは、図表2-35のようにプロットすることができる。

◆図表2-35　リスクマップ（A社の場合）◆

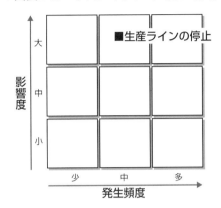

では、ボックス1以外のリスクについては、どのように考えればよいだろうか。2つの考え方がある。1つは発生頻度を重視する考え方、もう1つは影響度を重視する考え方である。どちらの考え方が正しいとは一概に言えないが、発生頻度が少なくても顕在化した場合の影響度が大きいリスクを重視すべきである。この考え方によれば、次に重視すべきリスクは、ボックス2、ボックス3に入るリスクになる。このように考えると、例えば、監査を実施する優先順位は図表2-36に示すようになる。

◆図表2-36　監査を実施する優先順位（例）◆

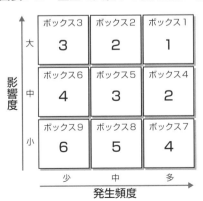

（3）ヒートマップによる診える化

リスクマップ以外の"診える化"には、リスク値を色で表現する方法がある。これは、「ヒートマップ」と呼ばれている。ヒートマップとは、文字通り、温度の高低を使って表現する方法であり、リスクが高いほど温度が高いとする。例えば、図表2-29で計算したリスク値を考えてみると、次のようになる。

　　H（赤色）：10点以上15点まで（リスクが高い）
　　M（黄色）： 5 点以上10点未満
　　L（緑色）： 1 点以上 5 点未満（リスクは低い）

ヒートマップのイメージは、例えば、図表2-37に示すようになる（紙面の都合上、数値が高いほど濃いグレー色にしている）。個々に洗い出したリスクをリスク分類毎に集計して、それぞれのリスク分類の平均値を使えば、重要なリスク分類が一目でわかる。

◆図表2-37　ヒートマップ（例）◆

業務/ 部門	リスク 分類 1	リスク 分類 2	リスク 分類 3	リスク 分類 4	リスク 分類 5	リスク 分類 6
営業 1	H	H	L	M	M	H
営業 2	H	M	M	－	H	M
調達 1	L	M	H	H	H	L
製造 1	M	H	H	M	H	－
販売 1	H	H	H	M	M	M
販売 2	H	M	L	L	H	H

このヒートマップを作成する際には、色の閾値は固定ではないことに注意してほしい。10点以上を赤色にするという決まりはない。9点以上を赤色にしたほうが、実際の状況により近くなるかもしれない。閾値をいろいろと変えながら、実態に一番合う値を探すことがポイントである。

ここがポイント！

- リスクの診える化に正解はない。試行錯誤が重要

コラム⑤

▶予防と防止

「予防（Precaution）」とは、「悪い事態が起こらないように前もってふせぐこと」（大辞泉）とある。リスクマネジメントにおいては、リスクが顕在化しないようにリスク対応を実施して、あらかじめ防ぐことと言える。

一方、「防止（Prevention）」とは、「防ぎとめること」（大辞泉）とある。リスクマネジメントにおいては、リスクが顕在化した際の影響を少しでも小さくして、拡大を防ぎ止めることと言える。

よく似た言葉には「抑止」、「阻止」がある。抑止で防止はできない。抑止だけで予防はできないが、抑止によって、発生頻度を低減することはできる。

「未然防止」は、"防止"という言葉があるものの、どちらかと言えば、予防に近い。「再発防止」は、顕在化したリスクを二度と発生させないようにリスク対応を実施することである。

第3章 リスク対応と証拠資料の特定

　本章では、監査対象において識別したリスクに対するリスク対応、および、そのリスク対応の実効性を評価するための証拠資料を特定するプロセスについて解説する。また、リスク対応後の残存リスクの評価についても説明する。このプロセスは、監査手続書の作成に関連する。

本章の内容

- ▶ 6つのリスク対応
- ▶ リスク対応の特定
- ▶ 証拠資料の特定
- ▶ 残存リスクの評価と診える化

◆図表3-1 「リスク対応と証拠資料の特定」プロセス◆

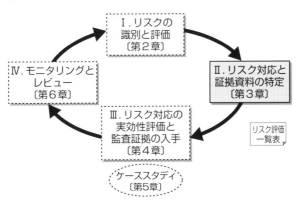

6つのリスク対応

　リスク対応とは、第1章で定義したように「リスクが顕在化する発生頻度あるいは影響度を引き下げる対応、または、顕在化した時の影響をできる限り小さくする対応」である。本節では、このようなリスク対応について整理する。

　リスクマネジメント関連の書籍をみると、リスク対応は次の4つに分類されていることが多い。

- リスクを回避する
- リスクを低減する
- リスクを移転する
- リスクを保有する

　また、第1章でも参照したリスクマネジメントのISO 31000：2018では、リスク対応を次のように分類している。

- リスクを生じさせる活動を開始又は継続しないと決定することによってリスクを回避する
- ある機会を追及するために、リスクをとる又は増加させる
- リスク源を除去する
- 起こりやすさを変える
- 結果を変える
- リスクを共有する
- 情報に基づいた意思決定によって、リスクを保有する

本書では、組織目標の達成にマイナスの影響を与えるリスクを対象にしているので、ISO 31000：2018によるリスク対応のうち、“ある機会を追及するためにリスクをとる又は増加させること”は対象とはしない。一方、リスクが顕在化した際の業務・サービスや情報システムなどへの影響を最小限に抑えるためのリスク対応も明示的に挙げておく必要がある。これらを踏まえて、図表3-2のように、リスクが顕在化する前、つまり、日常的に行う５つのリスク対応と、顕在化後に行う１つのリスク対応の６つに分類する。

◆図表3-2　6つのリスク対応◆

	顕在化前（日常）	顕在化後
発生頻度を少なくする	リスク低減（発生頻度）	リスク顕在化時対応
影響度を小さくする	リスク低減（影響度） リスク移転 リスク回避	
（何もしない）	リスク保有	

（1）リスク回避

「リスク回避」とは、リスクが存在するような状態を避けるようにする対応である（図表3-3）。第１章で整理したリスクの４タイプ（図表1-13参照）で言えば、固有リスクとしての発生頻度が多く、影響度も大きい〈FE型〉のリスクの一部がリスク回避の候補になる。このようなリスクを回避するかどうかは、リスクを受け入れて事業を続けることにより得られる競争優位性と、次に説明するリスク低減に要するコストやリスク顕在化時の影響度合い

を経営目線で比較して判断する必要がある。リスクの高い事業からの撤退は、リスク回避の代表的な例である。例えば、採算の合わないインターネット通信販売のWebサイトから個人情報が漏えいするリスクを回避するため、インターネット通信販売事業から撤退するというリスク対応が考えられる。身近な例で言えば、USBメモリを使った情報漏えいのリスクを回避するために、USBメモリの使用を禁止するリスク対応が挙げられる。USBポート自体を物理的あるいはシステム的に封鎖して、USBメモリを使えないようにしている企業等もある。

◆図表3-3　リスク回避◆

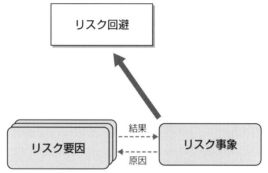

一旦、リスク回避という対応を行えば、リスク自体がなくなるので、リスク事象やリスク要因を考える必要はなくなる。しかし、そのリスク対応が本当にリスク回避と言えるかは吟味しておくべきである。USBメモリの例では、USBポートを封鎖してリスクを回避していると言っても、キーボードやマウスはまだUSB接続が多い。個人所有のノートPCを社内ネットワークに接続できるかもしれない。リスク回避と言いながら、例外があって、実際はリスク回避になっていないこともあるので注意すべきである。

（2）リスク低減（発生頻度）

　「リスク低減（発生頻度）」とは、リスク事象の原因であるリスク要因に対して、事前に、つまり、日常的に行う対応であり、その結果として、リスク事象の発生が低減される（図表3-4）。固有リスクの発生頻度が多い〈FE型〉と〈Fe型〉のリスクに対する対応であり、内部監査で実効性を評価するリスク対応の中では、最も多いリスク対応である。

◆図表3-4　リスク低減（発生頻度）◆

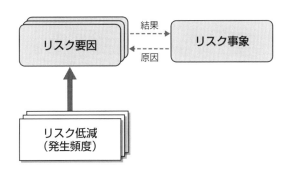

　インターネット通信販売の例で言えば、インターネット経由で取得した個人情報を適切に保護するために、規程や体制の整備、個人情報の取扱手順の作成、従業員への教育、入退館（室）管理、個人情報へのアクセス制限などのリスク対応を行う（図表3-5）。

　しかし、発生頻度を低減するリスク対応によっても、顕在化する頻度（発生確率）がゼロになるとは限らないので、リスクが顕在化した場合に備えることも併せて必要になる。発生頻度を低減するリスク対応は、後述するリスク低減（影響度）およびリスク顕在化時対応とのセットで考えることがポイントになる。

◆図表3-5　個人情報が漏えい・紛失するリスクの低減（発生頻度）（例）◆

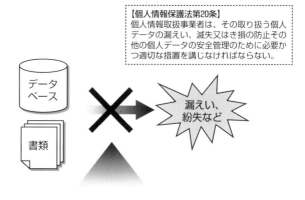

【個人情報保護法第20条】
個人情報取扱事業者は、その取り扱う個人データの漏えい、滅失又はき損の防止その他の個人データの安全管理のために必要かつ適切な措置を講じなければならない。

【リスク低減（発生頻度）の例】
組織的なリスク対応……規程・体制の整備、手順に基づく取り扱いなど
人的なリスク対応………非開示契約、周知・教育・訓練など
物理的なリスク対応……入退館（室）管理、盗難防止など
技術的なリスク対応……アクセス制御、不正ソフトウェア対策、システム監視など

（3）リスク低減（影響度）

「リスク低減（影響度）」とは、リスクが顕在化した場合に業務・サービスや情報システムなどへの影響をできる限り低減するために、リスク事象に対して事前に準備しておく対応であり、主に〈FE型〉と〈fE型〉のリスクが対象となる（図表3-6）。インターネット通信販売の例で言えば、個人情報を含むデータを暗号化しておく対応は、個人情報の漏えいというリスク事象に対する影響度を低減するリスク対応である。このリスク低減（影響度）は、あくまでリスクが顕在化する前、すなわち、日常において、あらかじめ準備しておくものである。

◆図表3-6　リスク低減（影響度）◆

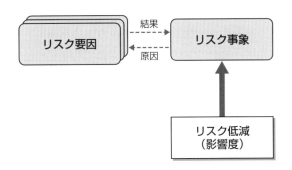

わかりやすい例として"消火器"がある。火災が発生した際に速やか消火できるよう、消火器をすぐに持ち出せる場所に設置して、みやすい位置に標識を付け、定期的に点検する。これがリスク低減（影響度）である。リスク事象として火災が顕在化すれば、この準備していた"消火器"を実際に使うことになり、これはすなわち、後述するリスク顕在化時対応になる（図表3-7）。

別の例では、メール誤送信による情報漏えいというリスク事象に対して、メール送信時に添付ファイルの暗号化やパスワード設定などを行うリスク対応がこれに該当する。添付ファイルを自動暗号化するツール利用などもある。

◆図表3-7　消火器の例◆

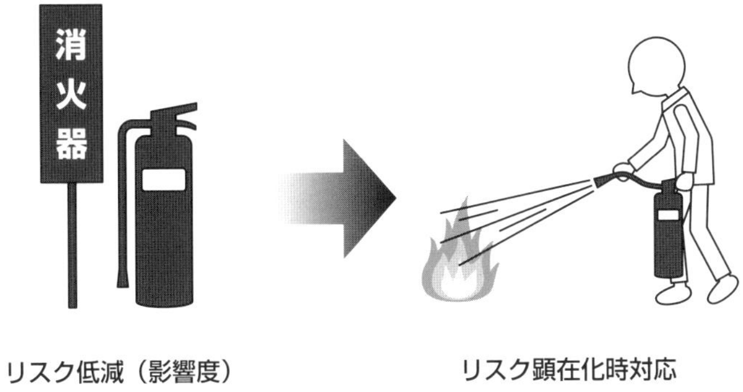

リスク低減（影響度）　　　　　　　　リスク顕在化時対応

余談になるが、添付ファイルにパスワードを設定してもメール本文にパスワードを記載したら、パスワードを設定するというリスク対応は全く意味がない。万が一、メールを誤送信してしまったら、メール本文にパスワードが記載されているので、添付ファイルが開けられてしまう。日常業務の中でこのようなメールを受信したら、必ず、指導すべきである。また、パスワードのみを記載したメールを別途送信する場合、先に送信した本文メールの送信先アドレスをそのまま使うことがある。この場合も本文メールのアドレスが間違っていると、パスワードを記載したメールも間違ったアドレスに送信されてしまうので注意する必要がある。

　リスク低減（影響度）で留意すべきことは、日常の業務からみれば"邪魔"な、余計な対応になりやすいということである。これの意味するところは、例えば、「暗号化やパスワード設定は面倒なので、できることならしたくない」などのように、リスク対応を避ける、省略するという方向に向かうということである。つまり、形骸化しやすい。監査でしっかりと実効性を評価すべきリスク対応である。

　そこで、リスクの発生頻度あるいは影響度を低減するためのリスク対応を考える際のガイドとして、図表3-8のような「リスク低減ワークシート」を用意したので、必要に応じて利用してほしい。ほかに考えられるリスク低減がないかどうか、リスク低減（発生頻度）はリスク要因に対するリスク低減になっているかどうかなどをチェックできる。なお、このワークシートは、第2章第3節で説明した「固有リスク評価ワークシート」の続きになるので、リスク事象とリスク要因は、すでに識別されているという前提である。ワークシートの使い方は、第2章第2節の「リスク識別ワークシート」のところで説明しているので参照してほしい。

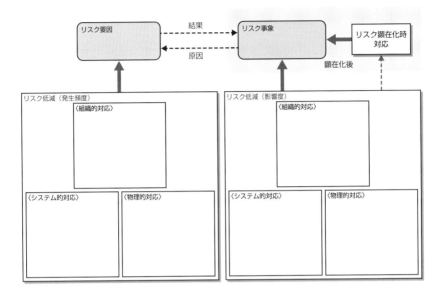

◆図表3-8　リスク低減ワークシート◆

（4）リスク移転

　「リスク移転」とは、リスクが顕在化した場合に被る損失の負担を事前に他者と分担する対応のことである（図表3-9）。「リスク共有」という場合もある。主に〈FE型〉と〈fE型〉のリスクの一部が対象になる。前述のリスク低減（影響度）が自ら行うリスク対応であるのに対し、リスク移転は他者が行うリスク対応である。

　身近なリスク移転の例としては、自動車損害賠償保険がある。自動車事故による損害賠償に備えて加入するものであり、多額の費用が発生することを保険会社に転嫁している。また、リスクの高い業務・サービスや情報システムなどの一部あるいは全部をアウトソーシングすることもリスク移転であるが、一方では、リスク低減（影響度）でもある。アウトソースしても責任まで転嫁できるわけではなく、委託元の管理責任などは当然にあるからである。

なお、リスク移転は、リスクの発生頻度を低減することにはならないので注意してほしい。

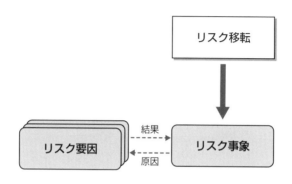

(5) リスク保有

「リスク保有」とは、リスクが顕在化した場合に被る損失を受容する対応のことである（図表3-10）。つまり、リスクが顕在化したら受け入れるという意味でのリスク対応である。リスク回避がリスクを避ける対応なので、リスク保有はその反対と言える。リスク保有は、リスクが顕在化しても、その影響が小さい〈fe型〉のリスクが主に該当する。

しかし、リスク保有にはもう1つある。それは、リスクが顕在化する発生頻度は非常に少ないけれども、万が一、顕在化した時の影響が大きい〈fE型〉のリスクである。リスク自体を制御できない、あるいは、その発生頻度を低減するための対応コストが大きくなり過ぎて、これ以上コストをかけることができない場合などである。このような状況になった場合には、このリスク、つまり、残存リスクを受け入れざるを得ない。

◆図表3-10　リスク保有◆

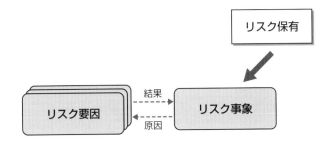

　では、残存リスクが顕在化したら、指をくわえて、そのまま受け入れるしかないのだろうか。そこで必要となるのが、次のリスク顕在化時対応である。

(6) リスク顕在化時対応

　リスク事象として顕在化することを100％防ぐことはほぼ不可能である。顕在化したリスクをそのまま放置すれば、影響がさらに大きくなっていく。そこで、影響をできる限り小さく抑えるように、リスク事象に対して何らかの対応が必要になる。顕在化したリスクへの対応として事前に整備しておくのが前述したリスク低減（影響度）であり、実施するのがリスク顕在化時対応という関係になる（図表3-11）。主に〈FE型〉と〈fE型〉のリスクが対象となる。

　例えば、個人情報の漏えいというリスク事象として顕在化した場合、関係部門への報告や当該個人情報の本人への連絡を行わなければならない。状況によっては、二次被害を防ぐために公表も必要になる。この対応が遅れれば遅れるほど、被害の範囲は広がっていくおそれがある。したがって、日頃から、個人情報が漏えいした場合を想定して、連絡体制の整備や連絡の訓練、個人情報へのアクセス監視などが重要になる。また、リスク顕在化時対応をどの時点で発動するかの基準なども明確にしておく必要がある。

第3章　リスク対応と証拠資料の特定

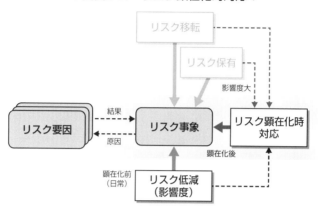

◆図表3-11　リスク顕在化時対応◆

以上の６つのリスク対応の効果について、リスクの発生頻度と影響度の低減から整理すると、図表3-12に示すようになる。また、図表3-13のような「リスク対応ワークシート」を使って、リスク対応の全体を俯瞰するとよい。

◆図表3-12　６つのリスク対応の効果◆

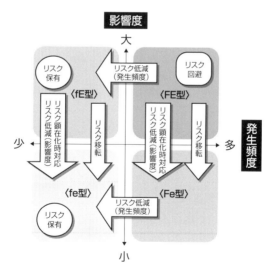

◆図表3-13　リスク対応ワークシート◆

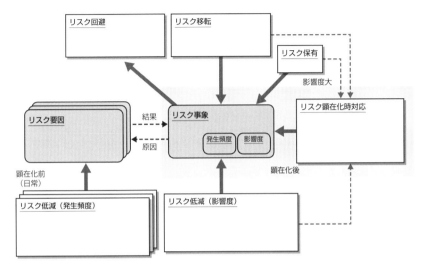

┌─ **ここがポイント!** ☝ ──────────────────────┐

● リスク対応は1つではない。6つの切り口で考える

● リスク低減（発生頻度）はリスク要因に対して行う

● リスク低減（発生頻度）、リスク低減（影響度）・リスク顕在化時対応は
　 セット

● リスクが顕在化した場合を想定した準備や点検・訓練、監視などが重要
└──┘

コラム⑥

▶フェイルセーフとフェイルソフト

　フェイルセーフとは、「機械などで、一部に故障や誤操作があっても、安全なほうに作動する仕組み」（大辞泉）とある。例えば、電車の非常ブレーキやエレベータの緊急停止、停電時に重力で自然と下がる遮断機、転倒時に自動的に火が消える石油ストーブなどがある。自動車に搭載されたカメラが前方を監視していて、自動車や歩行者などと衝突の可能性が高いと判断した場合は、ドライバーに注意喚起し、衝突回避の操作がなければ、自動的にブレーキをかける仕組みも実用化されている。しかし、フェイルセーフがあるからと言って、あまり過剰に頼ってしまうと、逆にリスクが高まることにもなる〈コラム④　リスク・ホメオスタシス理論　参照〉。

　一方、フェイルソフトとは、「機械やコンピュータシステムの一部に障害が発生した際、その部分を切り離したり、ほかに影響が及ばないようにしたりして、最低限の動作環境を維持するための仕組みや技術」（大辞泉）とある。飛行機のエンジンが故障した場合、故障したエンジンを停止させて、もう片方のエンジンだけで飛行が継続できる例が挙げられる。また、情報システムの冗長構成もフェイルソフトの例である。フェイルソフトでは、故障した箇所を発見し、切り離し、切り替えることを制御する部分に注意する必要がある。この部分が正常に機能しなければ、フェイルセーフは全く役に立たない。

　フェイルセーフもフェイルソフトも共に、"故障や誤操作などが起こる"ことを前提とした考え方である。リスクは顕在化するのである。

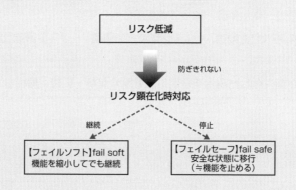

証拠資料の特定

（1） 証拠資料とは何か

リスク対応が特定できたら、監査人はその実効性を評価するに当たって、様々な資料の中から確認すべきと考える文書や記録などを特定する。ここでいう資料とは、文書や記録などの書面や電子データだけではなく、人、有形物や無形物、場所など、業務・サービスや情報システムなどに関わるすべてのものである。これらの資料の中から、監査人が監査技法を選択・適用して、見たり、聞いたりする必要があると判断するものが対象になる。これらの特定された資料が「証拠資料」である。また、実際にあるかどうかに関わりなく、「実効性のあるリスク対応には、こういう資料があるはずなので確認すべきだ」という観点からも証拠資料を挙げる必要がある。

証拠資料として挙げる文書や記録などの名称は、実際の名称と異なっていても構わない。しかし、資料には様々なものが数多くあるので、何でもかんでも特定するということではなく、主要な証拠資料として何を挙げれば、リスク対応に実効性があるかどうかを評価できるかという「関連性」を考えて絞り込む必要がある。ここでの関連性とは、「リスク対応が有効かつ継続して機能しているかどうかを確認できる資料」という意味になる（図表3-14）。

> **証拠資料：監査人が要証命題（監査要点）に関連性があると判断した資料**

例えば、ユーザIDの不正使用というリスク要因に対して、ユーザIDの棚卸というリスク対応が挙げられたとする。ユーザIDの棚卸とは、定期的にユーザIDを棚卸して、不要なユーザIDが削除されないまま残っていないか、権限外のアクセス権が設定されたままになっていないかなどを確認することである。この場合、どのような証拠資料を特定すればよいだろうか。

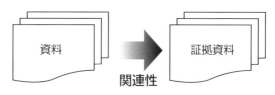

◆図表3-14　証拠資料の要件◆

資料　→（関連性）→　証拠資料

　まず、思いつく証拠資料は、「ユーザID一覧表」かも知れない。しかし、一覧表ではユーザIDの棚卸をしたかどうかを判断できない。ここで確かめなければいけないのは、ユーザIDの棚卸をしたかどうか、不要なユーザIDや権限外のアクセス権が設定されたユーザIDがあったかどうか、そして、速やかに当該ユーザIDを削除あるいは設定変更したかどうかである。最新のユーザID一覧表を査閲しても、これらを評価することはできない。ここで挙げるべき証拠資料は、ユーザID棚卸記録、ユーザID削除・変更申請書、ユーザID削除・変更記録などになる。査閲した結果、不要なユーザIDや権限外のアクセス権が残っていたら、なぜ、そのような状態になっているのかを必ず確認してほしい。

（2）証拠資料の3形態

　証拠資料は、その形態的な特徴から、「文書的証拠資料」、「口頭的証拠資料」、「物理的証拠資料」の3つに分けることができる（図表3-15）。

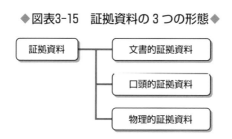

◆図表3-15　証拠資料の3つの形態◆

証拠資料
- 文書的証拠資料
- 口頭的証拠資料
- 物理的証拠資料

① 文書的証拠資料

「文書的証拠資料」とは、監査対象となる業務・サービスや情報システムなどの中で作成される文書や記録などであり、監査技法の閲覧や査閲などに関連が深い。「文書」とは、作成後も内容が更新されたり、見直して改訂・改正されたりするものをいう。例えば、規程や基準書、手順書やマニュアルなどは文書である。したがって、その改訂・改正内容の承認や履歴などの記載が必要となるし、バージョンや最終更新日などで最新版がどれであるかがわかるように版管理しておく必要もある。一方、「記録」とは、一度作成したら内容の変更はなく、保管期限が到来したら廃棄するものである。例えば、議事録、作業記録やテスト結果などは記録である。

文書的証拠資料は、図表3-16に示すように3つに分けて考えるとよい。

◆図表3-16 文書的証拠資料◆

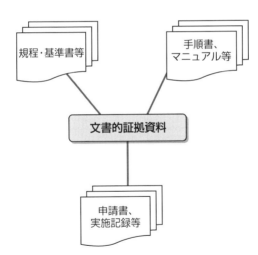

▶規程・基準書など

　リスク対応を有効かつ継続して機能させるためには、基本的な考え方や決め事が重要になる。例えば、製品品質が低下するリスクに対して、品質検査によるチェックをリスク対応として挙げたとすると、品質の定義や品質を維持・向上するための基本的なプロセスなどを定めておく必要がある。したがって、証拠資料として、「品質管理規程」やその下位文書となる「品質管理基準」などを特定する。

　余談になるが、"規程"と"規定"は意味が異なる。規程とは、ある目的のために設けられた規定を体系的にまとめたものである。一方、規定とは、個々の条文や条項のことである。1つひとつの手続や禁止事項などを定めたものである。「……を規程する」ではなく、「……を規定する」と表現するのが正しい。

　規程や基準書は文書なので、その内容を見直すには、正式な手続が必要になる。担当者が勝手に修正して見直しは終わりというわけにはいかない。特に、社規などの重要な規程の改正は、経営会議などの然かるべき会議体での審議を経て、機関決定されなければ成立しない。また、改正された規程や基準書は、その内容が関係者全員に周知されて、はじめて改正の手続が完了する。知らない間に改正されているというのでは、規程や基準書の意味がない。

　監査人は、規程や基準書などを閲覧して、どのような手続により承認されたものなのか、どのように周知されているのかなどを評価する必要がある。

▶手順書、マニュアルなど

　前述の規程や基準書には、業務を進める上での基本的な事項が定められている。業務の見直しをしない限り、頻繁に改正することはない。一方、手順書やマニュアルなどはより細かなことを定めた文書なので、見直しの頻度は多い。社規などと同じような手続でいちいち会議体に諮る

ようなことをしていては対応が遅れてしまい、実務上に支障がでてくる。そうかと言って、見直しを担当者任せにしてもいけない。少なくとも、当該手順書やマニュアルなどの管理責任者による確認、承認が必要である。また、関係者全員に手順書やマニュアルなどの改訂・改正内容が伝達されて、適用日から確実に遵守されるようにしなければならない。

▶申請書、実施記録、管理台帳など

　申請書や実施記録などは、個々の業務を進めるときの手続や手順などに基づいて作成する記録である。文書ではないので、一度作成したら、内容を修正しないのが原則である。申請書や実施記録などは件数が多くなるので、監査ではサンプリングにより査閲することが多い。したがって、どのようなサンプリングにするかを監査実施前に考えておく必要がある。

　また、個々の記録を一覧にしたものが台帳になる。ここでは、便宜上、台帳と表現しているが、紙による台帳でも電子的な台帳でも構わない。台帳は記録の一覧なので、その内容は随時、追加、更新されていく。追加型の台帳であれば、監査対象期間の範囲をみることができるが、更新型の台帳の場合には、最新の内容しか記載されていないので留意する必要がある。

　文書的証拠資料を特定する際のガイドとして、「文書的証拠資料ワークシート」を用意したので、必要に応じて利用してほしい（図表3-17）。

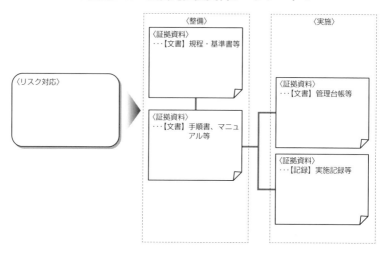

② 口頭的証拠資料

「口頭的証拠資料」とは、監査対象に関わりのある役職員などの関係者に対して面談し、口述により得る説明や回答のことをいう。口頭的証拠資料は、説明あるいは回答する人の立場、監査対象となる業務・サービスや情報システムなどへの関与度合いなどによって信憑性が左右されるので、誰に面談するかに注意を要する。口頭的証拠資料は、監査技法の質問に関連が深い。

③ 物理的証拠資料

「物理的証拠資料」とは、監査対象となる業務・サービスや情報システムなどに関わる工場や設備、製品や商品、営業所、ハードウェア機器、キャビネットなど、物理的に存在するものをいう。

物理的証拠資料は、監査技法の視察や観察に関係が深く、監査人が現地でみることが多い。何をみるのかを監査実施前に決めておかないと重大な不備や欠陥などを見逃してしまう可能性があるので注意が必要である。視察については、第4章第3節(2)で補足しているので参照してほしい。

ケーススタディ（A社の例）

第1節で挙げたリスク対応について、A社を例に考えてみよう。

（1）設計情報の社外流出

　A社では、消費生活用製品の新製品を他社に先駆けて開発している。時間とコストをかけて研究開発を繰り返し、やっと製品化にたどり着いた新製品の設計情報は、A社にとって機密扱いの情報である。この機密情報が、万が一、競合他社に渡ってしまうと、これまでの苦労が無駄になるだけではなく、ビジネス機会を逃し、研究開発コストの回収もできなくなる。したがって、この設計情報は、社外に流出しないように厳重に管理しておかなければならない。そこで、この設計情報が競合他社に流出することをリスク事象として捉えてみると、その原因の1つとして設計情報の不正もち出しというリスク要因を挙げることができる。これをリスク識別ワークシートに記入したのが、図表3-18である。

◆図表3-18　リスク識別ワークシート（設計情報の社外流出）◆

　このような設計情報が競合他社に流出するリスクに対して、どのようなリスク対応が必要だろうか。前節で解説したリスク対応の分類を踏まえて考えてみる。

① リスク回避

リスクは「競合他社への設計情報流出」なので、設計情報を保有しないようにすれば、リスクが存在するような状態を避けることは可能である。しかし、設計情報を保有しないということは、A社の事業の根幹である自社製品を開発しないということになり、リスク回避は現実的なリスク対応ではない。

② リスク低減

リスクを回避しないということは、リスクを低減するか、あるいは、リスクを保有するということになる。A社の機密情報である設計情報が不正にもち出されるのを何もせずに放置しておくことは考えられない。リスクを低減するために、リスク要因に対して効果のある何らかの対応を行わなければならない。また、前節で解説したように、リスクを低減する対応とリスク顕在化時の対応はセットで考えるのがポイントである。この例では、この不正もち出しの発生頻度を可能な限りゼロに近づけるリスク対応と、不正にもち出された場合の影響をできる限り小さくするリスク対応が必要になる。そこで参考になるのが、不正競争防止法で規定されている「営業秘密」である。営業秘密は、トレードシークレットや企業秘密などとも呼ばれていて、設計情報以外にも、顧客名簿、販売マニュアル、財務データなどの情報が該当する。不正競争防止法には、営業秘密について次のように定めている。

不正競争防止法（抜粋）

（定義）
第2条第6項
この法律において「営業秘密」とは、秘密として管理されている生産方法、販売方法その他の事業活動に有用な技術上又は営業上の情報であって、公然と知られていないものをいう。

（差止請求権）
第3条第1項
不正競争によって営業上の利益を侵害され、又は侵害されるおそれがある者は、その営業上の利益を侵害する者又は侵害するおそれがある者に対し、その侵害の停止又は予防を請求することができる。

（損害賠償）
第4条
故意又は過失により不正競争を行って他人の営業上の利益を侵害した者は、これによって生じた損害を賠償する責めに任ずる。ただし、第15条の規定により同条に規定する権利が消滅した後にその営業秘密又は限定提供データを使用する行為によって生じた損害については、この限りでない。

（信用回復の措置）
第14条
故意又は過失により不正競争を行って他人の営業上の信用を害した者に対しては、裁判所は、その営業上の信用を害された者の請求により、損害の賠償に代え、又は損害の賠償とともに、その者の営業上の信用を回復するのに必要な措置を命ずることができる。

つまり、営業秘密として管理されている情報が不正に競合他社などに流出して利用された場合、差止請求、損害賠償請求、信用回復措置請求ができる。ここで、「営業秘密」に該当する情報とは、以下の3要件を満たす技術上、営業上の情報である（図表3-19）。

- 秘密として管理されていること（秘密管理性）
- 有用な情報であること（有用性）
- 公然と知られていないこと（非公知性）

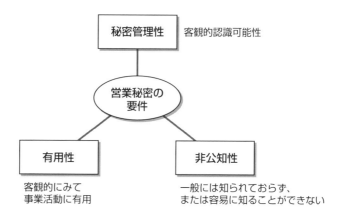

◆図表3-19　営業秘密の３要件◆

出所：五井孝・稲垣隆一『プライバシーマークのためのJIS Q 15001の読み方』
日科技連出版社、2006年、64頁に基づき、筆者作成。

　したがって、新製品の設計情報を営業秘密の３要件を満たすように管理して、保護するようにリスク対応を行う必要がある。

　これらの要件を踏まえて、リスクを低減するためのリスク対応を考えると、例えば、次のような対応が挙げられる。

〈リスク低減（発生頻度）〉

- 情報セキュリティ管理基準の整備
- 従業員との非開示契約、誓約書
- 制裁規定
- 情報セキュリティに関する研修
- 設計データベースへのアクセス制限
- 設計データベースへのアクセスログ保存
- 設計部門フロアへの入退室制限
- 監視カメラの設置・録画
- 設計関連ドキュメントの施錠キャビネット保管

〈リスク低減（影響度）〉
- 設計情報への"機密"区分表示
- 設計データの暗号化
- 設計データベースへのアクセスログチェック
- 発覚時のレポーティングライン

　これらのリスク低減の対応を「リスク低減ワークシート」に記入すると、図表3-20に示すようになる。

◆**図表3-20　リスク低減ワークシート（設計情報の不正もち出し）**◆

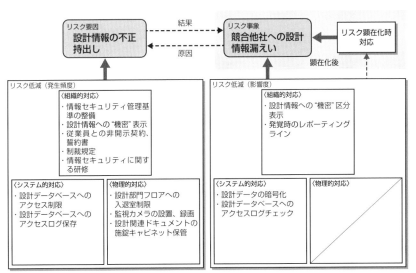

　なお、経済産業省から営業秘密に関する「営業秘密管理指針」が公表されているので、詳しく知りたい場合には参照してほしい。

③ リスク移転

　リスクを移転するということは、競合他社に設計情報が流出した際の損失の一部を誰かに負担してもらうことである。この例では、不正競争防止法上の営業秘密の要件を満たすように設計情報を適切に管理していることを証明することができれば、設計情報を不正に入手した競合他社に対して、損害賠償を請求することができるので、あえて、リスク移転の対応はなくてもよいだろう。顧客情報などの営業秘密が漏えいした場合には、被害者となる顧客への連絡や謝罪などに要する費用を補てんするために、情報漏えい損害賠償保険などに加入する対応がリスク移転として考えられる。

④ リスク保有

　リスク低減のところでも触れたように、設計情報が不正にもち出されることを何もせずに受け入れることは、まず、考えられない。むしろ、リスク低減の対応の一部が有効に機能せず、設計情報が競合他社に流出した場合にどのように対応するか、つまり、次のリスク顕在化時対応が重要になる。

⑤ リスク顕在化時対応

　リスクが顕在化するということは、設計情報が不正にもち出されて、競合他社の手に渡ってしまったということになる。A社としては、この設計情報を不正に入手した競合他社が、設計情報を使って製品を設計したり、生産したりしないようにしなければならない。設計情報を「営業秘密」として適切に管理していたことを主張できる証拠を速やかに準備して、不正競争防止法に基づく差止、損害賠償、信用回復措置を請求する必要がある。

　以上のリスク対応を「リスク対応ワークシート」で整理すると、図表3-21のように示すことができる。

◆図表3-21　リスク対応ワークシート（設計情報の不正もち出し）◆

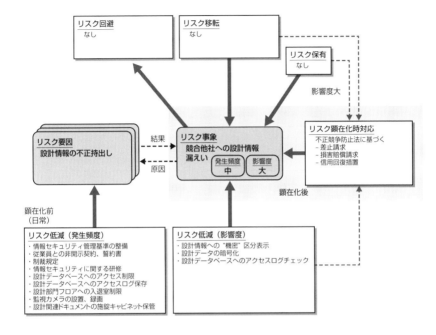

(2) 生産ラインの停止

　第2章でみてきたように、A社における重要なリスク事象として、生産ラインの停止がある。その原因として、図表3-22に示すようなリスク要因が挙げられた。

　リスク要因の1つである瞬時電圧低下（瞬低）・停電について、どのようなリスク対応が考えられるだろうか。生産ラインを動かすには電力が必要なので、リスクを回避するという対応は考えられない。瞬低・停電による生産ラインの停止をできる限り少なくし、影響を最小限にするような対応が必要になる。例えば、リスク低減として、商用電源系統を二重化する対応がある。一方で、保険への加入や生産業務の一部をアウトソースするなどのリスク移

転も考えられる。さらに、一カ所の生産工場で発生する瞬低・停電は受け入れて、ほかにも生産工場をもつような生産拠点の分散化という対応も考えられる。

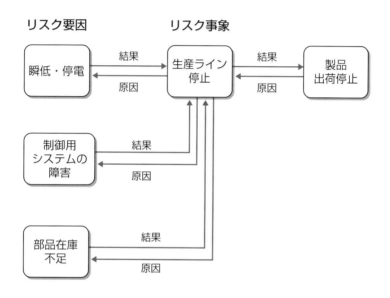

◆図表3-22　リスク識別ワークシート（生産ラインの停止）◆

また、瞬低・停電が発生した場合には、無停電電源装置（UPS）や自家発電装置を発動して、影響を最小限にとどめるリスク顕在化時対応が必要になる。この対応は、リスクが顕在化した時に確実に機能しないといけないので、リスク低減（影響度）として、日常での点検が重要になる。
　これらの結果を「リスク対応ワークシート」にまとめると、図表3-23のように示すことができる。

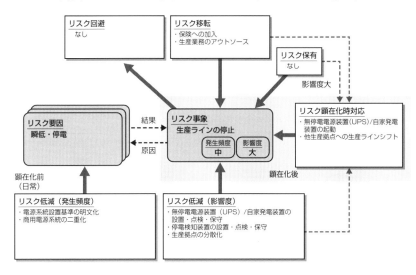

◆図表3-23　リスク対応ワークシート（生産ラインの停止）◆

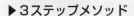

コラム⑦

▶3ステップメソッド

　3ステップメソッドとは、ISO 12100（機械類の安全性－設計原則）で定義されている製品設計における保護方策（安全方策）のことである。

　3ステップメソッドは、リスク評価の結果に基づいて、次の優先順位でリスクを低減していく手法である。

ステップ1：本質的安全設計方策

　製品の設計など、より上流工程を変更することによって、リスク自体を排除する、あるいはリスクを低減する保護方策。

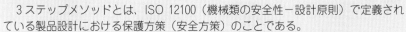

〈例〉危険除去　　　：鋭利な突起部分の排除
　　　フールプルーフ：ドアを閉めないと加熱できない電子レンジ
　　　フェイルセーフ：傾くと自動的に消える石油ストーブ、
　　　　　　　　　　　引っかけると簡単にはずれる電気ポットのコード
　　　冗長設計　　　：情報システムのサーバ二重化

ステップ２：安全防護策（付加保護策含む）
　本質的安全設計方策だけでは十分に低減できないリスクから保護するための方策。
　〈例〉ヒューズ、ブレーカー、警告灯

ステップ３：使用上の情報
　安全防護策でもリスクが低減されない場合に、製品の使用者に情報を伝達するための手段を組合せて使用する保護方策。
　〈例〉取扱説明書、警報装置、標識

| ステップ１：本質的安全設計方策 |
| ステップ２：安全防護策 |
| ステップ３：使用上の情報 |

　この３ステップメソッドは、機械類の設計におけるリスク低減だけではなく、一般のリスク対応を考える際にも参考になる。"手順書やマニュアルに記載する"というリスク対応は、優先順位が３番目のリスク対応である。このようなリスク対応が挙がってきたら、それよりもまず、もっと本質的なリスク対応を考えるべきであることを示している。

4　残存リスクの評価と診える化

　リスク対応と証拠資料の特定ができたら、次は、そのリスク対応によって、固有リスクの大きさ（国有リスク値）をどれくらい下げることができるか、つまり、残存リスクの大きさ（残存リスク値）を評価する。残存リスクの評価基準は、固有リスクの評価基準と同じである。評価基準を同一にしないと、リスク対応が有効に機能したかの判断ができないからである。評価方法については、第２章第３節を参照してほしい。残存リスクを評価した結果を診える化すると、図表3-24のように表すことができる。

◆図表3-24　残存リスクの診える化◆

業務・サービス	リスク分類	固有リスク	固有リスク評価		残存リスク評価	
			発生頻度	影響度	発生頻度	影響度
営業	分類1	固有リスクA	中	大	小	中
製造	分類2	固有リスクB	多	小	中	小
……						

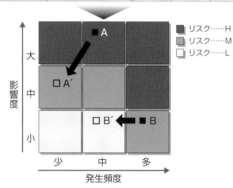

リスク……H
リスク……M
リスク……L

影響度　大　中　小
発生頻度　少　中　多

これらを合わせて、第2章で作成した固有リスクのヒートマップと同様に、残存リスクのヒートマップを作成することができる（図表3-25）。

◆図表3-25　ヒートマップ（残存リスク）◆

業務/部門	リスク分類1	リスク分類2	リスク分類3	リスク分類4	リスク分類5	リスク分類6
営業1	L	M	L	L	M	H
営業2	M	L	M	−	L	M
調達1	L	L	L	M	L	L
製造1	M	L	L	L	M	−
販売1	L	L	L	M	L	L
販売2	M	L	L	L	L	M

固有リスクと残存リスクのヒートマップを見比べることによって、どのリスク分類の固有リスクが大きく低減されているか、あるいは、あまり低減できていないかが視覚的にわかる（図表3-26）。

◆図表3-26　固有リスクと残存リスクの比較◆

固有リスク

業務/部門	リスク分類1	リスク分類2	リスク分類3	リスク分類4	リスク分類5	リスク分類6
営業1	H	H	L	M	M	H
営業2	H	M	M	−	H	M
調達1	L	M	H	H	H	L
製造1	M	H	H	M	H	−
販売1	H	H	H	M	M	M
販売2	H	M	L	L	H	H

リスク対応 →

残存リスク

業務/部門	リスク分類1	リスク分類2	リスク分類3	リスク分類4	リスク分類5	リスク分類6
営業1	L	M	L	L	M	H
営業2	M	L	M	−	L	M
調達1	L	L	L	M	L	L
製造1	M	L	L	L	M	−
販売1	L	L	L	M	L	L
販売2	L	M	L	L	L	M

残存リスクの評価によって、残存リスクの大きいリスクが明らかになった場合には、監査の実施以前に、そのリスクへの対応を業務執行部門に促すべきである。残存リスクが大きいということは、当然、固有リスクはもっと大きい。固有リスクも残存リスクも大きいリスクは、とにかく早急にリスク対応を実施することが先決である（図表3-27）。

◆図表3-27　リスク評価による内部監査の優先順位◆

順位	固有リスク評価	残存リスク評価	主に評価すべきこと
1	大	大	内部監査の優先順位は高い。それ以前に早急にリスク対応の実施を促す必要がある。
2	大〜中	中〜小	リスク対応の実効性を評価する。
3	小	小	監査の対象外としてもよい（各業務執行部門で自己評価すればよい）。ただし、本当に固有リスクが"小"かどうかは確認が必要（過小評価の可能性もあり）。
−	小	大	（そもそもリスク評価のやり直しが必要）

なお、残存リスクを評価する際のガイドとして、「残存リスク評価ワークシート」を用意した。第3節で取り上げたA社における設計情報漏えいに関わるリスク対応について、残存リスクの評価結果を記入すると、図表3-28のように示すことができる。

◆図表3-28　A社の残存リスク評価ワークシート（記入例）◆

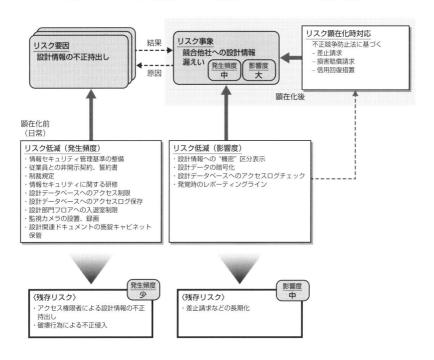

　第2章から第3章までを通じて、リスクを識別・評価し、リスク対応と証拠資料を特定し、残存リスクの評価までできることになる。この結果を図表2-24で挙げた「リスク評価一覧表」に追加すると、次のようになる（図表3-29）。

◆図表3-29　リスク評価一覧表◆

| No. | 業務・サービス | | リスク事象 | リスク要因 | 固有リスク評価 | | リスク対応 | | 証拠資料 | 残存リスク | 残存リスク評価 | |
	大分類	中分類			発生頻度	影響度	区分	内容			発生頻度	影響度

【リスク対応区分】 10：リスク回避　21：リスク低減（発生頻度）　22：リスク低減（影響度）
　　　　　　　　　30：リスク移転　40：リスク保有　50：リスク顕在化時対応

ここがポイント！

● 固有リスクと残存リスクのヒートマップで、リスク対応による効果を診える化

コラム⑧

▶フレーム問題

　フレーム問題とは、1969年にマッカーシーとヘイズによって指摘された人工知能の分野における問題のことである。有限の情報処理能力しかないロボットには、現実に起こり得る問題すべてに対処することはできないということを示している。

　システム障害の発生を早期に発見するリスク対応のひとつであるシステム監視では、システムのエラー発生を監視することが多い。これをフレーム問題に当てはめて考えると、「すべてのエラーに対処することはできない」、つまり、エラー監視には限界があるということである。システム監視では、エラー監視ではなく、"正常に稼働しているかどうかを監視すること（正常稼働監視）"、言い換えれば、少しでも正常ではない状態なら"異常"と判断することがポイントとなる。

リスク対応の実効性評価と監査証拠の入手

本章では、特定したリスク対応に不備や欠陥などがなく、有効かつ継続して機能しているかどうか、つまり、リスク対応の実効性について評価し、監査証拠を入手するプロセスと、評価した結果を診える化する方法を解説する。なお、第5章で具体的なケースを挙げているので、併せて参照してほしい。

本章の内容

- ▶ 陳腐化、形骸化そして属人化
- ▶ リスク対応の実効性の要件と評価ポイント
- ▶ リスク対応の実効性が低下する要因
- ▶ 監査証拠の入手
- ▶ リスク対応の実効性の診える化
- ▶ 指摘事項のフォローアップ

◆図表4-1 「リスク対応の実効性評価と監査証拠の入手」プロセス◆

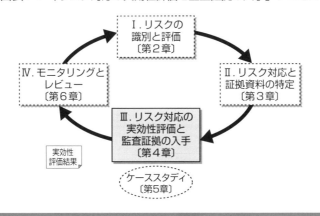

なぜ実効性の評価なのか

　リスク視点からの内部監査は、リスク対応の実効性を評価すること、つまり、リスク対応に不備や欠陥などがなく、有効かつ継続して機能しているかどうかを評価することに焦点を当てている。

　そこで、逆にリスク対応の実効性がなぜ低下するのかを考えてみたい。例えば、読者のみなさんが所属している企業等では、これまでの数年間、それから今後において、次のような状況にあるだろうか。

- 顧客や外部委託先の増減はなかった。今後も新たな顧客の獲得や新たな外部委託先への業務委託はない。
- 組織改正や人事異動はなかった。今後も組織変更はなく、異動や退職もない。
- 取り扱っている製品や商品に増減はなかった。今後も新規の製品や商品を取り扱うことはないし、取り扱いを中止する製品や商品もない。
- 売上と費用は一定であり、今後も変動しない。
- 取引先の信用は安定している。今後も安定が続く。
- 重要な業務・サービスを支援している情報システムに変更はなかった。今後も新規構築や機能追加、更改はしない。

　おそらく、「こんな状況はあり得ない」と思われるだろう。ヒト、モノ、カネ、情報などの経営資源が全く変動しない企業等がもしあるとしたら、組織運営は楽であろうし、目標も達成しやすい。この状況は極端な例であって、このような企業等はあり得ないし、もし存在したとしても長くは存続できない。企業等は、取り巻く環境変化を踏まえて、事業目的を実現するために方針や戦略を見直ししている。そして、戦略の見直しに伴って、組織や業務・サービスや情報システムを見直すことになる。チャンドラーの有名な命題である「組織は戦略に従う」である。

一方、目標の達成を阻むような事象、つまり、リスクに対しては、何らかの対応をとらなければならない。ほぼすべての企業等では、考えられるリスクに対して、すでに何らかの対応を実施している。しかし、リスクが変化すれば、リスク対応も見直す必要がある。言い換えれば、内外環境の変化に応じて当初のリスク対応を見直さないと、リスクとリスク対応がマッチせず、実効性が低下していく。

　実効性が低下していくと、一見、問題や課題がないようにみえていても、リスクが顕在化する可能性は高まっていく。したがって、リスク対応に不備や欠陥などがなく、有効かつ継続して機能しているかどうか、つまり、リスク対応に実効性があるかどうかの評価が求められる。

> **ここがポイント！**
>
> ● 内外環境の変化に応じてリスク対応を見直さないと、実効性は低下していく

❷ 陳腐化、形骸化、そして属人化

　リスク対応の実効性が低下する原因には、何が挙げられるだろうか。その代表が「陳腐化」、「形骸化」、そして「属人化」である（図表4-2）。

◆図表4-2　リスク対応の実効性が低下する３大原因◆

（1）陳腐化

　企業等を取り巻く外部環境や内部環境が変化しているにもかかわらず、リスク対応を見直さずにいるとどうなるだろうか。これを表すキーワードの1つが「陳腐化」である。陳腐とは、「古くさいこと。ありふれていて、つまらないこと。また、そのさま」（大辞泉）という意味である。リスク対応の陳腐化は、「環境の変化に対応できず、効果が低くなったり、効率が悪くなったりしてしまうこと」である。海軍の用語に「前動続行」という用語があるが、リスク対応の陳腐化は、状況が変化しているにもかかわらず、前動続行を繰り返した結果と言える。

　事業に関わる法令や業務・サービスが変わっているのに、規程や手順書などを見直ししていない状態は、身近な陳腐化の例である。この状態が続くと、規程や手順書は整備されているようにみえても、その機能は失われていき、役に立たないものになっていく。そして、誰もみなくなってしまう結果となる。また、複数のマニュアルに重複した記載がある場合も陳腐化を助長させ、修正漏れやマニュアル間の不整合が生じやすくなる。監査人は、これらの証拠資料が提示されたからといって、決して"不備なし"として安心してはいけない。

（2）形骸化

　陳腐化とともによく使われるキーワードに「形骸化」がある。形骸化とは、「外形だけを残して、実質的な意味を失っているもの」（大辞泉）である。申請書の記載内容に漏れや間違いがないことを確認しないまま承認印を押すのは、形骸化の典型的な例である。何のために押印するのかを理解していない、あるいは、申請内容を確認するという責任を果たしていない状態であって、押印することが目的になってしまっている。

　別の例を挙げると、課題管理表の形骸化がある。検討課題として取り上げた事項が完了したにもかかわらず、未完了扱いのまま数カ月が経過している

状態の課題管理表である。これは、課題を管理するという本来の目的ができていない表れであり、見かけ上だけの課題管理である。

　形骸化の要因には、例えば、図表4-3に示すようなことが挙げられる。

◆図表4-3　なぜ、形骸化するのか◆

先送りできる

納得していない

手間がかかる

やらなくても困らない

慣れ

理解していない

他の人もやっていない

知らない

形骸化

やらなくても罰せられない

　陳腐化や形骸化に共通する特徴には、表面的には問題がないようにみえるということがある。監査人は注意深く評価しないと、問題点を見逃してしまうおそれがある。逆に言えば、監査人の腕の見せ所である。

　陳腐化や形骸化によるリスクの変化を第2章で定義したリスク値を用いて説明すると、次のようになる（図表4-4）。

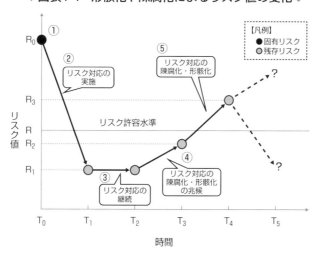

◆図表4-4　形骸化や陳腐化によるリスク値の変化◆

① まず、固有リスク値をR_0とする。これは、まだ、リスク対応を実施していない状態なので、いわゆるリスク値の初期値となる。

② このまま何もしないでいると、リスクが顕在化する可能性が高まり、顕在化した場合の影響もあるので、リスクの発生頻度あるいは影響度を低減するなど、何らかのリスク対応を実施する必要がある。このリスク対応によって、リスク値はリスク許容水準Rを下回り、R_1まで下がる。なお、リスク回避というリスク対応を選択した場合には、リスク自体がなくなるのでリスク値はゼロになる。

③ リスク対応を実施し始めたT_1時点からある程度の期間（T_1からT_2までの間）は、まだ、リスク対応そのものに慣れていないこともあり、緊張感があり、慎重に対応する。リスク値は残存リスク値R_1を維持して推移する。

④ ところが、リスク対応に慣れがでてくるT_2の時点を過ぎると、陳腐化あるいは形骸化の兆候が表れる。リスク許容水準Rを越えないにしても、リスク値はR_1からR_2へと大きくなっていく。

⑤　この状態が放置されていると、リスク対応の陳腐化あるいは形骸
化がさらに進み、リスク値がリスク許容水準Rを越えてR_3となり、
リスクが顕在化する可能性が高まる。

　つまり、固有リスク値R_0をリスク対応によって残存リスク値R_1まで下げ
たにもかかわらず、時間の経過とともに陳腐化あるいは形骸化が始まり、い
ずれは、リスク許容水準Rを越えて、リスク対応を実施していない状態にま
で近づいていく。リスク視点からの内部監査は、リスク対応によって、リス
ク値をR_1以下に維持できているかを評価する。

(3) 属人化

　陳腐化や形骸化と並んでリスク対応の実効性を低下させる原因の１つに、「属
人化」がある。属人化は、形骸化や陳腐化とは少し性質が違っていて、リス
ク対応を実施している当事者がいる間は有効に機能している場合が多く、問
題は生じない。しかし、当事者が不在になると、途端に統制が効かなくなり、
間違いや対応漏れなどを生じる可能性が高まる。また、属人化は"専門化"
とも関連がある。製造業などの熟練工がその例である。熟練者に任せておけ
ば大丈夫という暗示にかかり、牽制が弱くなる傾向もある。"組織として記
憶していない"、つまり、「組織知」になっていないとも言える。読者のみな
さんの周りを見渡してみて、「あの人は経験が長いから安心できる」、「あの
人しかわからないことがある」などの状況があれば、もう、属人化はかなり
進行している。
　陳腐化や形骸化と同様に、属人化によるリスクの変化についてリスク値を
用いて説明すると、次のようになる（図表4-5）。

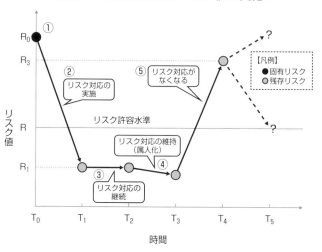

◆図表4-5　属人化によるリスク値の変化◆

① まず、固有リスク値をR_0とする。これは、まだ、リスク対応を実施していない状態なので、リスク値の初期値となる。

② このまま何もしないでいると、リスクが顕在化する可能性が高まり、また、顕在化した際の影響もあるので、リスクの発生頻度、あるいは影響度を低減するなど、何らかのリスク対応を実施する必要がある。このリスク対応によって、リスク値はリスク許容水準Rを下回り、R_1まで下がる。

③ リスク対応を実施し始めたT_1時点からある程度の期間（T_1からT_2までの間）は、まだ、リスク対応そのものに慣れていないこともあり、緊張感があり、慎重に対応する。リスクは残存リスク値R_1を維持して推移する。

④ リスク対応はある特定の人に集中し、属人化している。しかし、当事者はリスク対応の経験を積んでいく。T_2時点を過ぎてもリスク値は上がらずR_1を維持する。あるいは、より効率的にリスク対応が実施できるようになって、リスク値R_1を下回ることもある。

⑤　この状態が続き、やがて当事者が異動や退職などで不在になると、リスク値はリスク許容水準Rを越えて、いきなりR_3まで上がる。これは、今まで実施されていたリスク対応が全く実施されなくなったことから、固有リスク値R_0に近いところまでリスク値が一気に上昇することを表している。つまり、リスクの顕在化する可能性は非常に高まる。

これらの陳腐化や形骸化、属人化は、程度の差こそあれ、どの企業等でも時間の経過とともに生じている。リスク視点からの内部監査は、陳腐化や形骸化、属人化を早くみつけることがポイントになる。

ここがポイント！

● 陳腐化や形骸化、属人化の "芽" を早く摘み取る

3 リスク低減（発生頻度）の実効性評価のポイント

リスク対応の実効性を評価するポイントは何だろうか。単にリスク対応を実施しているかどうかをみるだけでは、実効性を見極めることは難しい。形骸化、陳腐化あるいは属人化しているおそれもある。また、環境の変化に応じて、適時に見直ししているかどうかも重要になる。一方、発生頻度を低減するためのリスク対応には限界があるので、リスクが顕在化した場合の業務・サービスや情報システムなどへの影響をどこまで抑えることができるかどうかも確かめる必要がある（図表4-6）。

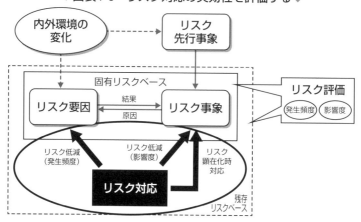

◆図表4-6　リスク対応の実効性を評価する◆

　第3章で述べたように、リスク対応には、リスクが顕在化しないように"事前に"対応するものと、リスクが顕在化した時に対応するものがある。本節では、リスクが顕在化しないようにするリスク対応のうち、監査で最も評価することの多い「リスク低減（発生頻度）」に焦点を当て、その実効性を評価するポイントを、整備状況、実施状況、見直し状況の3つの観点から整理する。

（1）リスク低減（発生頻度）の整備状況

　リスク低減（発生頻度）の実効性を評価するポイントの1番目は、その整備状況である。整備とは、リスクが顕在化する頻度を低減するための対応が有効かつ継続して機能するように準備することである。簡単な例で考えてみよう。今、"金の延べ棒"をもっているとする。金の延べ棒は、暴落しない有事の安全資産であり、とても高価なので、盗まれてしまうおそれがある。そこで、例えば、金網を張り巡らすなど、外部から侵入できないようにする対応が必要になる。現実には、金網などで守るのではなく、金庫などに入れて、厳重な入退室管理のもとで保管するだろうが、ここではわかりやすくす

るため、金網で守る対応とする。そうすると、「金の延べ棒が盗まれること」がリスク事象であり、「外部からの侵入」がリスク要因、「金網」がリスク対応となる。リスク低減（発生頻度）の実効性を評価することは、この金網の実効性を評価することである。これを第1章の図表1-12に当てはめると、図表4-7にようになる。

◆ 図表4-7　金の延べ棒を守るためのリスク低減（発生頻度）の実効性を評価 ◆

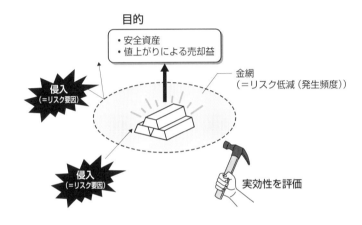

では、金網の整備状況とは、どのようなことなのだろうか。金網を設置するとしても、どんな網目でどの程度の高さにするのか、どこに張り巡らすのか、維持管理はどうするのかなどを事前に決めておかなければいけない。したがって、整備状況の実効性として、例えば、次のようなことを評価する必要がある。

・金網の設置や維持管理する基準はあるか？

・金網の網目や高さの基準はあるか？

・金網をどこに設置するかをあらかじめ決めているか？

・金網の見回りやメンテナンスなどの体制はあるか？

これらをリスク低減（発生頻度）の整備状況における実効性の要件として一般化すると、「適切性」、つまり、リスクをできる限り顕在化させないように適切に準備していることとなる。監査人は、基準や手続、手順、管理体制などを定めた証拠資料を閲覧、査閲して、整備状況の実効性を評価する。

（2）リスク低減（発生頻度）の実施状況

リスク低減（発生頻度）の実効性を評価するポイントの2番目は、その実施状況である。実施しているからといって、実効性があるとは言い切れない。リスクを低減する効果がないといけない（図表4-8）。

◆図表4-8　リスク低減（発生頻度）≠ 実効性あり◆

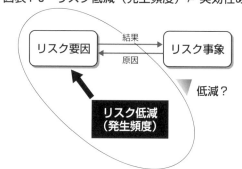

金網の例で言えば、例えば、次のようなことを評価する必要がある。

・金網は設置されているか？

・金網に破れている箇所はないか？

・想定する侵入者に対して、金網の強度は丈夫か？　網目は粗くないか？
　高さは十分か？

・想定する侵入者に対して、必要以上に金網は強固すぎないか？　網目
　は細かすぎないか？　高すぎないか？

・金網の設置基準に反して、網目を粗くしたり、高さを低くしたりして
　いないか？

これらをリスク低減（発生頻度）の実施状況における実効性の要件として一般化すると、図表4-9に示すように5つの要件を挙げることができる。

◆**図表4-9　リスク低減（発生頻度）の実施状況における実効性の要件**◆

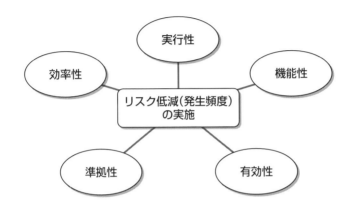

①　実行性

　最初の要件は「実行性」である。文字通り、リスク低減（発生頻度）が実施されていることである。どれだけ完璧に整備しても、実際にそのリスク低減（発生頻度）を実施していなければ、絵に描いた餅であり、何にもならない。金網の例で言えば、まず、実際に金網が設置されているかどうかを評価する。

②　機能性

　2つ目の要件は「機能性」である。リスク低減（発生頻度）がリスクの顕在化を低減するために必要な機能を有していることである。リスク低減（発生頻度）に実行性があったとしても、リスクを低減するという効果がない対応ではリスク対応とは言えない。金網が張り巡らされていても、破れている箇所があちらこちらにあれば、そこから容易に侵入されてしまう。金の延べ

棒を守るという金網としての機能が損なわれていることになる。金網全体を見渡して、破れているような箇所がないかどうかを評価する必要がある。

③ 有効性

3つ目の要件は「有効性」である。リスク低減（発生頻度）としての機能性が満たされていたとしても、リスク要因に対して有効でないといけない。侵入に耐えられるだけの強度があり、金網の網目をかいくぐって侵入できるような粗さではなく、また飛び越えて侵入することができないほどの高さが必要になる。金網としての基本的な機能が満たされていても、侵入に対して有効でなければ意味がない。

④ 準拠性

4つ目の要件は「準拠性」である。リスク低減（発生頻度）が基準やルールに従っていることである。金網の強度、網目の大きさ、高さについて、設置基準やルールなどに従わず、勝手に変更したりしていないことである。ただし、この準拠性については、次の点に留意が必要である。基準やルールに従っていないから実効性がないと短絡的に判断してはいけない。なぜ、基準やルールに従っていないのかの理由を確認することがポイントになる。基準やルールに従うことは必要であるが、そもそもなぜ、基準やルールがあるのか、前提条件が変わっていて基準やルールのほうが陳腐化していないかなどの観点から評価する必要がある。

⑤ 効率性

そして、5つ目の要件は「効率性」である。リスク低減（発生頻度）のやり過ぎがないことである。想定する侵入者に対して、必要以上に頑丈な資材でつくった金網を張り巡らしたり、金網を何重にもしたりして、過剰な金網になっていないかどうかを評価する。

これらの要件は、業務の実施記録などの査閲だけではなく、工場、営業所、事務所、コンピュータ室など実際に業務を行っている場所などを視察して実効性を評価する必要もある。「視察」とは、監査人が実際に現地に赴き、主に物理的な状況をみて確認する監査技法である。視察では、監査対象部門による案内によって、みて回ることが多い。特に工場などでは、見学コースが用意されているところもある。しかし、案内される場所は、どちらかと言えば、きちんと整理、整頓され、問題点のないところが中心になる。指摘事項になるような問題のある場所を、わざわざ、監査人にみせることはしない。リスク視点から視察する場合は、案内されるルートからちょっと外れてみることである。もちろん、危険物があるような立入禁止区域にまで行くことは控えなければならない。あえて、問題点のあるようなところに案内されることがあれば、別の理由があると考えたほうがよい。例えば、自分達では何とか改善したいと上司に提案しているがなかなか対応してもらえない、予算を確保してもらえないなどの裏事情があるのかもしれない。監査応対者にしてみれば、監査でぜひ問題点として取り上げてほしいと願って案内しているかもしれない。

（3）リスク低減（発生頻度）の見直し状況

　リスク低減（発生頻度）の実効性を評価するポイントの3番目は、その見直し状況である。リスク低減（発生頻度）は時間の経過とともに陳腐化、形骸化、属人化していく。また、リスク低減（発生頻度）の前提となるリスク自体も環境の変化とともに変わっていく。今までと同じリスク低減（発生頻度）を続けていても、リスクが顕在化する可能性は高まっているかもしれない。適時に見直ししているかが重要になる。金網の例で言えば、例えば、次のようなことを評価する。

　　　・金網を補強する必要はないか？
　　　・金網の設置基準を見直す必要はないか？

・そもそも金網だけで大丈夫か？

・金網の網目や高さなどを見直ししているか？

　これらをリスク低減（発生頻度）の見直し状況における実効性の要件として一般化すると、「有効性」と「適時性」を挙げることができる。

① 有効性

　1つ目の要件は「有効性」である。外部環境や内部環境の変化に応じてリスク低減（発生頻度）を見直ししていることである。金網の網目や高さなどをいくら見直ししても、当初、想定していた侵入者がドローンを使って空から侵入すれば、これまでの金網では全く対応できない（ドローンで金の延べ棒を何本もち出せるかはここでは問わないでおく）。

② 適時性

　2つ目の要件は「適時性」である。リスク低減（発生頻度）を見直す時期が適切であることである。よく“定期的な見直し”という表現がある。定期的ということは、一般的には少なくとも年1回は見直すということである。しかし、外部環境は常に変化している。組織改正などの内部環境の変化も年1回と決まっているわけではない。定期的にリスク対応の有効性を見直すだけではなく、内外環境の変化を捉えて見直すことが重要になる。

ここがポイント！

- ● どれだけ完璧に整備しても、実施していなければ、絵に描いた餅
- ● 基準やルールに従っていない理由の中に、実効性を低下させているヒントが隠れている

コラム⑨

▶5S

「整理整頓」は、子供の頃から、親や学校の先生などから何度も聞かされてきた言葉の1つであろう。では、整理と整頓は何が違うのか。整理、整頓は、生産管理の原則である5Sの中の2つである。5Sとは、整理、整頓、清掃、清潔、躾のことであり、頭文字を取って"5S"と呼ばれている。

「整理」とは、必要なものと必要のないものを区別し、必要のないものを捨てることである。一方、「整頓」とは、必要なものをすぐに使えるように、決められた場所に準備しておくことである。置き場所、置き方、表示は、整頓の3要素と呼ばれている。例えば、不要となった書類を捨てるのは整理であり、必要なマニュアル類をフォルダに分類して取りやすくしておくのが整頓である。

また、「清掃」は、汚れを取り除くことであり、「清潔」は、整理・整頓・清掃を繰り返し、汚れのない状態を維持しておくことである。「躾」は、手順をつくって、決められたことを必ず守るようにルール化し、守らせることである。5Sには、実効性を評価するポイントがある。

4 リスク顕在化時対応の実効性評価のポイント

　リスク低減（発生頻度）が実施されていても、リスクの顕在化を100％防ぐことは難しい。万が一、リスクが顕在化した場合にどのように対応するのかを明確にして、準備しておく必要がある。また、リスク顕在化時対応は、顕在化したリスクによる業務・サービスや情報システムなどへの影響をできる限り小さくして、早期に復旧を図ることに意味がある。決して絵に描いた餅であってはならない。リスク顕在化時対応の実効性は、その前提となるリスク低減（影響度）の実効性に大きく左右されるので、一連のリスク対応として捉える必要がある。

（1）リスク顕在化時対応の整備状況

　第3章でも述べたように、リスク顕在化時対応の整備とは、リスク低減（影響度）のことである。リスク低減（影響度）の実効性を評価するポイントは

第4章 リスク対応の実効性評価と監査証拠の入手

「適切性」、つまり、リスクが顕在化した際に適時かつ適切に対応できるように整備しておくことである。適切性には準備、点検・訓練、監視・検知の3つがある（図表4-10）。金網の例で言えば、次のようなことが挙げられる。

- 金網が破られたことをどのように早くみつけるのか？
- 侵入者を発見したら、どのように通報するのか？
- もし、金網が破られて侵入されたら、どのように対処するのか？
- 侵入者を発見した時に備えて、訓練をしているか？

◆図表4-10　リスク低減（影響度）の実効性◆

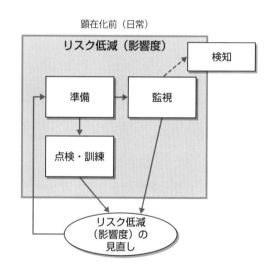

① 準備

リスクはいつ顕在化するかわからないし、顕在化時の対応が遅れると、それだけ、影響が大きくなるおそれがある。業務・サービスや情報システムなどへの影響をできるだけ小さくするために、どのような状態になればリスク

顕在化時対応を実施するのかを明確にして、いつでも実施できるように準備しておくことが重要になる。

　身近な例として、火災というリスク事象を考えてみよう。火災を早期に発見して消火するために、火災報知器やスプリンクラー、消火器がある。これらを設置しておくことがリスク低減（影響度）になる。しかし、無秩序に設置しても効果はない。設置基準を整備して、その基準に基づいて火災報知器やスプリンクラー、消火器を設置する必要がある。顕在化時の影響が特に大きいリスクの場合、この準備に該当するものとして、事業継続計画（Business Continuity Planning：BCP）がある。事業継続については、ISO 22301として国際規格化されているので、詳細は他の書籍などを参照してほしい。

② 点検・訓練

　リスク顕在化時の対応が準備できていても、顕在化時に実施できなければ無用の長物になる。リスク顕在化時対応には確実に実施できることが求められている。準備に漏れはないか、対応すべき内容は古くなっていないかなどを「点検」して確認しておくことが重要になる。火災報知器やスプリンクラー、消火器の定期点検はこの例である。この点検が形骸化あるいは陳腐化すると、顕在化時に有効に機能しなくなり、結果として、業務・サービスや情報システムなどへの影響が拡大してしまうおそれがある。いい加減な点検によって、多くの事故が発生しているのは、ご存じの通りである。

　点検と似ているものに「訓練」がある。訓練とは、「実際にある事を行なって習熟させること」（広辞苑）とある。つまり、リスクが顕在化するシナリオを設定して、顕在化した時に戸惑わずテキパキと対応できるように実際にやってみて、習熟しておくことである。火災の例では、消防訓練がこれに当たる。年1回実施している消防訓練は身近な訓練なので、読者のみなさんの中にも参加された方は多いと思う。「何時何分に火災報知器が鳴るので、防災担当者の誘導に従って、非常階段から降りて、屋外の避難場所に集まってください！」というような内容だろう。消火器を使った消火活動を実体験

する場合もある。そのほかの訓練には、例えば、業務継続訓練やシステム障害訓練などがある。

　では、訓練を計画通りに実施したら、訓練は"問題なし"と評価しても構わないだろうか。訓練の類語に「練習」がある。練習とは、「学問・技芸などの上達を目標に、繰り返して習うこと。習練」（広辞苑）とある。同じことを何度も繰り返して慣れることである。訓練も練習と同様に同じことを繰り返していればよいのだろうか。盲導犬の育成は、訓練であって、練習ではない。同じことの繰り返しではなく、様々な状況に対応できるように訓練する。

　リスク顕在時対応の実効性の観点から言えば、訓練がすべて問題なく終われば、その訓練は"失敗"と考えるべきである。訓練を通じて何らかの課題をみいだし、改善につなげることではじめて、訓練を実施した意義がでてくる。東日本大震災のときに、日頃の訓練がすべて問題なく、うまく機能しただろうか。リスクが顕在化した時は、訓練のシナリオにはなかったことが次々と発生し、情報も錯綜する。必要な情報が、はじめからすべて揃っているわけではない。通り一遍のシナリオで問題なしとする訓練では、実効性に欠けると判断すべきである。課題が多くみつかった訓練にこそ、実効性のある訓練と言える。

　また、リスクが顕在化したら、影響ができる限り小さくなるよう、対応（復旧）しなければならない。訓練において課題をみつけるためには、例えば、次の３つのポイントが参考になる（図表4-11）。

・目標復旧時間　　（RTO：Recovery Time Objective）
・目標復旧レベル　（RLO：Recovery Level Objective）
・目標復旧時点　　（RPO：Recovery Point Objective）

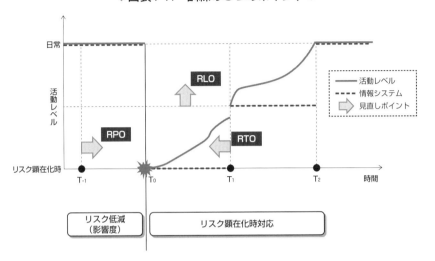

◆図表4-11　訓練の３つのポイント◆

日常

活動レベル

リスク顕在化時

RLO

RPO

RTO

活動レベル
情報システム
見直しポイント

T₋₁　　　T₀　　　　　T₁　　　　　T₂　　　時間

リスク低減
（影響度）

リスク顕在化時対応

　リスクが顕在化した時点（T₀）を起点として、いかに早く第一段階の復旧を目指すかが「目標復旧時間」である。これは、例えば、１ヵ月後よりも１週間後のように、T₀により近いほうがよい。また、第一段階の目標復旧レベルは、リスクが顕在化する前の日常レベルの30％よりは50％のように、できるだけ、日常レベルに近いほうがよい。これが「目標復旧レベル」である。そして、どの時点の状態に復旧するか、言い換えれば、どの時点のバックアップを使えるかという目標は、T₀の１週間前よりは３日前のように、可能な限り、T₀に近い時点のほうがよい。これが「目標復旧時点」である。訓練では、より実効性のあるリスク低減（影響度）になるように、このような観点から課題を出すことが重要になる。

③ 監視・検知

　準備や点検・訓練ができていれば、リスク顕在化時対応の整備状況について実効性があると判断してよいだろうか。リスクの顕在化に気づいた時にはもう、かなり影響が大きくなっているかもしれない。リスクが顕在化した時

点（＝発生）と顕在化を知覚した時点（＝発覚）にはタイムラグがある。いかに早くリスクの顕在化を発見できるかが重要なポイントになる。

そのためには、リスクの顕在化を注意深くみること、つまり、監視や検知が必要になる。監視とは「警戒して見張ること」、検知とは「機器などを使って検査し、故障などを知ること」（大辞泉）とある。どちらも、リスクの顕在化を早期に発見するために行う。ここで、監視・検知で留意すべきことが１つある。それは、何を監視・検知するか、言い換えれば、リスクの顕在化を何で判断するかである。一般には、顕在化した事象がないかどうか、つまり、異常な状態（エラー）を監視し、検知することが多い（図表4-12）。

◆図表4-12　エラー監視？◆

エラーメッセージがでて
いないから大丈夫？？

しかし、これだけでは不十分である。〈コラム⑧　フレーム問題〉でも少し触れたが、システム監視がその例である。一般にシステム監視は、「システムにエラーがないかどうかをエラーメッセージの出力有無で監視すること」と思われている。ところが、システムはハードウェアやソフトウェアを複雑に組合せて構築しているので、エラーと言っても様々である。すべてのエラーをメッセージで知らせることには限界がある。ということは、エラーの状態になっても、エラーメッセージを出力できない場合があるということである。読者のみなさんも経験があると思うが、パソコンの画面がいきなり固ま

ってしまい、マウスもキーボードも反応しなくなることがある。何度キーボードをたたいても反応しない。泣く泣くリセットボタンを押すことになり、保存していなかった作成中の資料をまた、はじめからつくり直すという事態に陥ってしまう。つまり、異常な状態を監視・検知するのではなく、正常な状態かどうかを監視することがポイントになる。正常でなければエラー、異常であると判断して、リスク顕在化時対応の実施につなげていく。なお、監視・検知については、第6章で解説するモニタリングと関連があるので参照してほしい。

（2）リスク顕在化時対応の実施状況

　リスク顕在化時対応の実施について、その実効性を評価するポイントは「適切性」である。顕在化したリスクに対して、適時かつ適切に対応できたことであるので、監査対象においてリスクが顕在化していない場合には、評価をスキップして構わない。金網の例で言えば、次のようなことが挙げられる。

> ・侵入者に対して、適切な対処ができたか？
> ・金網が破られた原因を分析したか？
> ・破られた金網をどのように修復したか？

　リスク顕在化時対応の実施状況の評価は、リスクが顕在化して、その対応が終わった後になる。リスクが顕在化したということは、リスク低減（発生頻度）が有効に機能しなかったと考えられる。あるいは、想定しなかったリスクがあったのかもしれない。監査人は、事故報告書やシステム障害報告書などを査閲して、リスク顕在化時対応が適切であったか、あるいは顕在化した原因を分析して再発防止策を実施しているかなどを評価する。表面的な原因への対応だけでは再発する可能性が高いので、リスクが顕在化した根本的な原因を探るようにする。例えば、次のような「なぜなぜ分析」で原因を探っていく方法がある。

① リスクが顕在化したのは、なぜなのか（直接原因）？

② 直接の原因を引き起こしたのは、なぜなのか（間接原因）？

③ 間接の原因を引き起こしたのは、なぜなのか（根本原因）？

このように、少なくとも「なぜ」を３回繰り返すと、根本的な原因となる真因に近づいていく（図表4-13）。

◆図表4-13　なぜなぜ分析◆

参考までに、「失敗学」で有名な畑村洋太郎先生の「失敗原因の10分類」を挙げておく。原因を追究していくと、この10分類のどれかに該当すると言われている（図表4-14）。

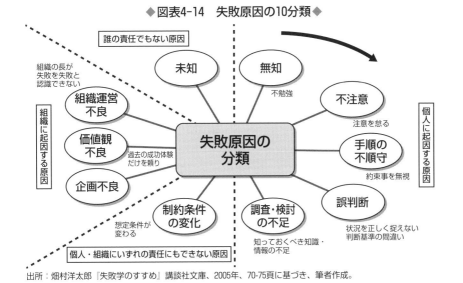

◆図表4-14 失敗原因の10分類◆

誰の責任でもない原因

組織の長が
失敗を失敗と
認識できない

組織運営
不良

組織に起因する原因

価値観
不良

過去の成功体験
だけを頼り

企画不良

未知

無知

不勉強

失敗原因の
分類

不注意

注意を怠る

手順の
不順守

約束事を無視

個人に起因する原因

誤判断

状況を正しく捉えない
判断基準の間違い

制約条件
の変化

想定条件が
変わる

調査・検討
の不足

知っておくべき知識・
情報の不足

個人・組織にいずれの責任にもできない原因

出所：畑村洋太郎『失敗学のすすめ』講談社文庫、2005年、70-75頁に基づき、筆者作成。

（3）リスク顕在化時対応の見直し状況

　リスク顕在化時対応の見直しについて、その実効性を評価するポイントは「有効性」、つまり、リスク低減（影響度）とリスク顕在化時対応が形骸化あるいは陳腐化しないように見直ししていることである。顕在化したリスクへの対応に問題があった場合は、次のようにリスク低減（影響度）、あるいはリスク顕在化時対応の実施に不十分なところがあったと考えられる。

> ・リスク低減（影響度）として、準備・点検・訓練に不備があった
> ・リスク顕在化の監視・検知に不備があった
> ・リスク顕在化時対応に不備があった

　また、リスク事象の発生頻度を低減できると考えていたリスク低減（発生頻度）が有効に機能しなかったということも考えられる。

以上を整理すると、リスク顕在化時対応の実効性は、図表4-15に示すようになる。

◆図表4-15 リスク顕在化時対応の実効性◆

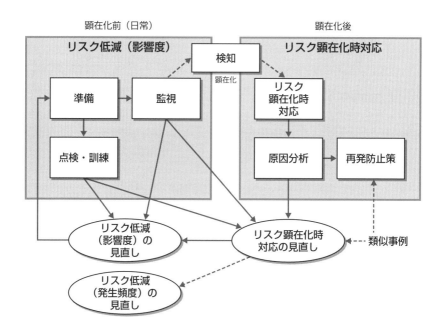

```
┌──────────────────┐            ここがポイント! 👆
● どのような状態になればリスク顕在化時対応を実施するのかを明確に
  する
● 課題が多くみつかった訓練こそ、実効性がある
● 正常な状態かどうかを監視する
● なぜ、もっと早く検知できなかったのかを評価する
```

ここがポイント! 👆

● どのような状態になればリスク顕在化時対応を実施するのかを明確に
  する
● 課題が多くみつかった訓練こそ、実効性がある
● 正常な状態かどうかを監視する
● なぜ、もっと早く検知できなかったのかを評価する

コラム⑩

▶後知恵バイアス

　後知恵バイアスとは、「物事が起きてから、それが予測可能だったと考える傾向にあること」であり、認知バイアスの１つである。「だから、あのとき言ったのに！」というのは、後知恵バイアスがかかっている可能性がある。

　認知バイアスとは、「人や事象などを評価する際、自分の好みや他人の意見に影響を受けたりして、客観的な評価ができないこと」である。人事評価でよく言われるハロー効果や中心化傾向は、認知バイアスの例である。

　内部監査で問題や課題を指摘する場合や、顕在化したリスクの原因を分析・評価する時には、後知恵バイアスがかかっていないか自問してほしい。

⑤ リスク対応の実効性を低下させる９つの要因

　リスク対応の実効性を評価するに当たっては、実効性を低下させる要因がないかどうかを確かめることが効果的である。この要因のことを一般に「統制リスク」と呼ぶ〈コラム②　リスクアプローチ監査 参照〉。

　リスク対応の実効性を低下させる要因としては、図表4-16に示す９つが挙げられる。

◆図表4-16　リスク対応の実効性を低下させる９つの要因◆

① 複雑なリスク対応

リスク対応、特にリスクを低減するための対応は、日常的に行われる。リスクが顕在化した場合には、速やかにリスク顕在化時対応を実施しなければならない。リスクがいつ、どのような形で顕在化するかはわからないので、複雑な手順や特別なスキルが必要になるリスク対応は、誰でもできるリスク対応に比べて、実効性が低下しやすい。

② 判断を要するリスク対応

リスク対応を行う際に何らかの判断が必要になる場合、リスク対応の実効性は、判断する者の判断基準や経験などに左右される。したがって、判断を必要とするリスク対応は、判断がなくてもできるリスク対応に比べて、実効性が低下しやすい。

③ 手作業によるリスク対応

手作業によるリスク対応は、作業者の勘違いや操作ミス、疲労などの人的要因によって実効性が低下してしまう。しかし、手作業によるミスをなくすことはなかなか難しい。人は間違いをおかすものだからである。その対策として挙げられるのが、次の自動化である。

④ 自動化されたリスク対応

自動化されたリスク対応は、一度、正しく実施できるようにすれば、その後は、条件が変わらない限り、有効に機能し続ける。しかし、自動化される対応自体に誤りがあれば、間違いを繰り返す。また、手作業では目視確認できていたことが、自動化することによって間違いに気がつかないままになることもあり得る。つまり、リスク対応によっては "副作用" が生じる場合があるという点に注意する必要がある。

例えば、伝票を手作業で転記していることから誤記入が多いので、システム化することがある。このリスク対応によって、従来の誤記入はなくなるで

あろう。しかし、手作業時には金額に間違いがないかを目視チェックできていたことが、システム化することによって金額間違いのまま処理されてしまう可能性がある。これは、システム化というリスク対応によって、誤記入というリスクを排除できる代わりに、金額間違いのチェックがなくなるという新たなリスク（副作用）が生じることを意味している。なお、第5章のケース4で、「RPAによる自動化」を取り上げているので参照してほしい。

⑤ 前提となるリスク対応の機能不全
　リスクを低減するためのリスク対応は1つとは限らない。複数のリスク対応が補完し合いながら、リスクを低減していることもある。前提としているリスク対応が機能しなくなると、当該リスク対応の実効性は低下する。

⑥ 担当者の能力不足
　リスク対応を行う者の能力やスキルが不足している場合、リスク対応が適切に行われず、有効に機能しなくなる可能性が高くなる。人事異動などで引き継ぎがうまく行われなかった場合にも、同じようなことが起こる。

⑦ リスク対応の無視
　そもそもリスク対応を無視してしまうとリスクは低減されず、固有リスクのままになり、リスクが顕在化する可能性が高くなる。不正行為は、その例である。

⑧ リスク対応の機能不全の未検知
　リスク対応が有効に機能していないことを適時に検知できない場合、リスクが顕在化する可能性が高くなる。また、顕在化時の影響も大きくなる。

⑨ 業務プロセスに組み込まれていないリスク対応
　リスク低減（発生頻度）およびリスク低減（影響度）は、日常的に行うも

のである。業務プロセスと切り離されているリスク対応は、業務を進める上で対応しなくても支障はないことから、どうしても後回しになりやすい。そして、形式的になってしまい、機能しなくなってしまう。

ここがポイント！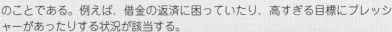

- ●リスク対応によっては"副作用"が生じる場合がある
- ●リスク低減（発生頻度）およびリスク低減（影響度）は、業務プロセスの中に組み込む

コラム⑪

▶不正のトライアングル理論

不正のトライアングル理論とは、「不正行為は、①機会、②動機、③正当化の3要因がすべてそろった時に発生する」というものである。米国の犯罪学者D.R.クレッシーが、この仮説を基に犯罪者を調査して導き出した犯罪理論であることから、クレッシーの法則とも呼ばれている。

① 機会

「機会」とは、不正行為を実行しやすい環境のことである。例えば、1人の担当者に権限が集中していたり、チェックが形骸化していたりする環境が該当する。

② 動機

「動機」とは、不正行為を実行するしかないとの考えに至った事情や心情のことである。例えば、借金の返済に困っていたり、高すぎる目標にプレッシャーがあったりする状況が該当する。

③ 正当化

「正当化」とは、不正行為の実行を積極的に認めようとすることである。例えば、後で埋めあわせするからとか、時間がないからとか、他の人もやっているから、などと都合のいいように言い訳することである。

内部監査では、特に「機会」に該当するようなことがないかどうかを確かめる必要がある。

6 監査証拠の入手

　監査人は、特定した証拠資料を評価して、リスク対応に実効性があるかどうかを判断する。証拠資料とは、第3章で解説したように、様々な資料の中から監査人が要証命題（監査要点）に関連性があると判断した、あるべき資料である。ここで重要なのが、証拠資料を視る眼（見る眼ではない！）である。証拠資料を視る眼とは、表層的な部分に囚われるのではなく、表現されている情報（コンテンツ）に焦点を当てて評価することである（図表4-17）。

◆図表4-17　証拠資料を視る眼◆

　監査人が評価した結果、リスク対応に実効性があるかどうかの判断をする根拠とした証拠資料が「監査証拠」になる。

> **監査証拠：要証命題に対して、監査人が証拠資料に監査技法を選択・適用した資料のうち、監査意見の判断根拠として入手したもの**

　また、証拠法でいう"証拠能力"と"証明力"の概念を使っていえば、資料の中で証拠能力を有するものが証拠資料となり、証拠資料の中で証明力を有するものが監査証拠となる。ここで、証拠能力とは、刑事訴訟法上で「証拠として公判廷で取調べをすることができる適格」、証明力とは、「証拠が裁判官の心証を動かす力。証拠資料が証明の対象となった事実の認定に役立つ程度」（法律学小辞典）のことである。

　監査人は、リスク対応に実効性があるかどうかの監査意見を裏付けるため

に、"適切かつ十分な"監査証拠を入手する必要がある。監査証拠が適切であるとは、リスク対応の実効性評価に適合し、かつ証明力を備えているということである。適切性には、さらに、適合性、信頼性、適時性の3つがある（図表4-18）。

◆図表4-18　資料、証拠資料、監査証拠の関係◆

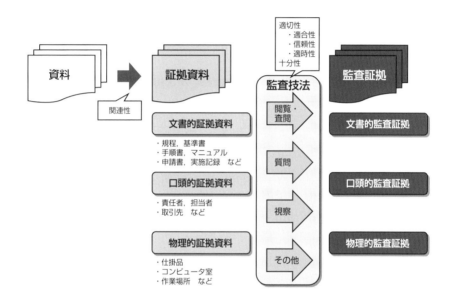

① 適合性

適合性のある監査証拠とは、リスク対応の実効性を評価するのに適した情報が含まれるものをいう。例えば、売上金額の正当性をチェックしていることの根拠として見積書が提示されても適合性はないので、監査証拠にはならない。

② 信頼性

　信頼性のある監査証拠とは、監査対象部門から提示された証拠資料がリスク対応に関わる整備や実施、見直しの状況を示す公式なものをいう。例えば、内部監査の通知を受けて、慌てて作成した管理台帳や議事録などは、信頼性のある文書や記録とは言い難い。文書や記録の信頼性を見分けるには、表層的ではなく、記載されている内容を“視る”ことがポイントになる。

　また、提示される書面には、その電子ファイルを印刷したものも多い。書面が原本なのか、電子ファイルが原本なのかを明確にしておく必要もある。電子ファイルが原本となる場合には、その電子ファイルのコピーを確認するなどによって、原本を上書き保存しないように注意する必要がある。上書き保存すると、電子ファイルのプロパティ情報が変更されてしまう。

③ 適時性

　適時性のある監査証拠とは、「リスク対応の実効性がある」、あるいは「不備や欠陥があり、不十分である」、と判断できる時期に作成されたものをいう。監査対象期間外の証拠資料は、手続に基づいて適切に作成されたものであっても、監査証拠にはならない。あくまで、監査対象期間内での証拠資料をもとに評価しなければならない。

④ 十分性

　十分性のある監査証拠とは、監査人がリスク対応の実効性を評価するのに適当な量であることをいう。監査対象部門から提示された証拠資料だけで評価すると、不備な点をみつけることはなかなか難しい。監査対象部門から提示される文書や記録は、指摘されないような資料を選んでいる可能性が高いからである。例えば、提示された1枚の作業報告書だけでは十分性を満たすことは難しい。たまたま作成していた作業報告書を提示しただけかもしれない。別に悪意があるわけではないが、監査を受ける側からすれば、監査人から求められてもいないのに、わざわざ不備のある証拠資料を提示するようなことはしない。

▶4枚カード問題（ウェイソン選択問題）

4枚カード問題とは、「ウェイソン選択問題」として知られている心理学の問題である。とても簡単な問題ではあるが、多くの人が間違えてしまう。ウェイソンとジョンソン-レアードがイギリスの大学生を対象に行った実験では、正答はわずか4％であった。具体的な問題をみてみよう。

4枚のカードには、すべて片面に数字、裏面にはローマ字が書いてある。「もし、カードの片面にローマ字の母音が書いてあれば、その裏面には数字の偶数が書いてある」というルールを確かめるためには、最小限でどのカードをめくってみればよいだろうか。

論理的に表すと、「『もしpならばqである（p→q）』という命題の真偽を確かめるためには、両面にそれぞれ文字や数字が書かれた4枚のカードの少なくともどのカードをめくらなければならないか」ということである。よくある解答としては「E」「4」のカードの裏面を確認することである。しかし、「4」のカードの裏面を調べても、条件を満たすことを確認するだけである。

この問題は、ある事柄を推論する時に、条件を満たすことだけを確認しがちである（「確証バイアス」）ということを表している。正解は、「E」と「7」の裏面を確かめることである。「E」の裏面は当然調べなければならない。また、「7」の裏面が母音だったら、このルールは成立しない（「反証」）。

この問題は、もとの命題を真とすると、その対偶（not q → not p）も真となることを問うている。この問題と論理構造が同一な身近な例に置き換えてみると、正答率は大きく高くなることも知られている。

監査において、証拠資料を査閲して評価する際には、反証の観点も忘れずに評価する必要がある。

リスク対応の実効性の診える化

内部監査人は、リスク対応の整備、実施、見直しの状況を評価した結果を踏まえて、実効性がない、あるいは不十分と判断すれば、監査対象部門に対して、指摘事項として改善を求めることになる。しかし、リスク対応が全くない状態もあれば、一部に不備や欠陥などが認められる程度の状態もある。そこで本節では、リスク対応の実効性を6段階の成熟度によってレベル評価し、診える化（見える化ではない！）する方法を解説する。診える化によって、リスク対応の実効性を高めるために改善すべきところが明確になる。

リスク対応の実効性を診える化するには、実効性の状況を成熟度のレベルとして評価し、定量的に表す方法がある。何段階の成熟度とするかは自由である。ただし、あまり細かくレベルを分けると、評価の際にどのレベルにするか迷ってしまうことにもなる。成熟度の一例としては、米国の情報システムコントロール協会（ISACA）とITガバナンス協会（ITGI）が提唱するITガバナンスのフレームワークである「COBIT」（Control Objectives for Information and Related Technology）があり、0から5までの6段階である。本書でも、図表4-19のように6段階で定義する。

例えば、顧客情報の漏えいを抑止するために、従業員との間で秘密保持の誓約書を交わすというリスク対応について評価すると、成熟度レベル2と成熟度レベル3の違いは次のようになる。人事部門などが従業員との間で秘密保持誓約書を交わしていれば、成熟度レベルは2と評価できる。さらに、「顧客情報漏えい」というリスクを明示的に識別して、そのリスク対応のひとつとして「秘密保持誓約書の徴求」を挙げて実施していれば、成熟度レベルは3と評価できる。

また、成熟度のレベル4では、リスク対応を実施した結果の状況を指標で定量化する。例えば、"発生事故○○件"、"不具合○○件数"、"クレーム問合せ○○件"などが挙げられる〈コラム⑰　Safety-ⅠからSafety-Ⅱへ　参照〉。

◆図表4-19　リスク対応の実効性の成熟度レベル（例）◆

成熟度レベル		内容
5	最適化 （継続的向上）	レベル4に加えて、内外環境の変化を踏まえて、リスクおよびリスク対応を適時に見直しして、継続的にリスク対応の実効性の維持・向上を図っている。
4	定量化 （予見可能）	レベル3に加えて、リスク対応の実施状況を定量的にモニタリングし、評価している。
3	標準化 （定義済み）	組織的に定義されたリスクに基づき、標準化された方法でリスクを識別している。リスクの分析・評価を踏まえて、リスク対応を整備し、実施している。実施状況が不十分であれば、これを見直ししている。
2	管理 （反復可能）	限定された範囲において、リスク対応を整備し、実施している。実施状況が不十分であれば、これを解消している。
1	実施 （その場対応）	リスク対応を実施しているが、場当たり的な対応であったり、個人に依存した対応である。
0	未対応/ 不完全	リスク対応を実施していない、または、ほとんど実施していない。

　この成熟度レベルに基づいて、それぞれのリスク対応の実効性を評価した結果の記入例が図表4-20である。最右列の"平均"は、リスク対応のカテゴリー毎に成熟度レベルを平均した値（小数点以下2桁を切り捨て）である。リスク対応の実効性を成熟度レベルで評価することによって、どのリスク対応の実効性が低いかがわかる。例えば、成熟度レベルが3.0未満のリスク対応は、早急に改善を図るように求める必要があると言える。

　また、この評価結果を使って、リスク対応の成熟度を視覚的に診える化した例が図表4-21である。このレーダーチャートをみると、どのリスク対応の実効性が低いかがはっきりと浮かび上がってくる。

　このリスク対応の実効性評価結果を整理するワークシートを用意したので、監査調書のもとになるドキュメントとして参考にしてほしい（図表4-22）。

◆図表4-20　リスク対応の成熟度レベル評価（例）◆

No.	リスク事象 （リスクNo.）	リスク要因	リスク対応				
			カテゴリー	区分	内容	成熟度 レベル	平均
1	顧客情報漏え い（リスク No.1051）	曖昧な顧客情報管理体制	情報セキュリティ関連規程・基準	21	営業秘密管理規程、情報取扱規程の整備	4	3.8
2					…	…	
…			情報セキュリティ組織	21	情報セキュリティ体制の整備	3	2.9
					…	…	
			人的資源管理	21	秘密保持誓約書の徴求	3	3.3
				21	定期的な教育の実施	4	
				21	制裁基準の周知	3	
					…	…	
		顧客情報資産の管理不備	資産管理	22	"秘密"であることの表記付記	2	2.6
					…	…	
		…	…		…	…	…
			…		…	…	…

［リスク対応区分］　10：リスク回避　21：リスク低減（発生頻度）　22：リスク低減（影響度）
　　　　　　　　　30：リスク移転　40：リスク保有　50：リスク顕在化時対応

◆図表4-21　リスク対応の成熟度レベル評価グラフ（例）◆

成熟度レベル（平均）

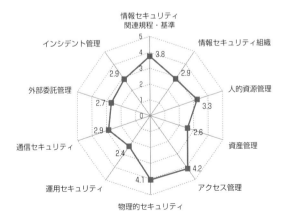

第**4**章　リスク対応の実効性評価と監査証拠の入手

No.	リスク事象（リスクNo.）	リスク要因	リスク対応		実効性評価結果　※カッコ内は監査証拠				指摘事項	備考
			区分	内容	整備	実施	見直し	成熟度レベル		
					(　　　)	(　　　)	(　　　)			
					(　　　)	(　　　)	(　　　)			
					(　　　)	(　　　)	(　　　)			
					(　　　)	(　　　)	(　　　)			
					(　　　)	(　　　)	(　　　)			
					(　　　)	(　　　)	(　　　)			

［リスク対応区分］10：リスク回避　21：リスク低減（発生頻度）　22：リスク低減（影響度）
30：リスク移転　40：リスク保有　50：リスク顕在化時対応

ここがポイント！

- リスク対応の実効性を成熟度レベルで評価
- "診える化"で実効性の低いリスク対応を明らかにする

8 リスク視点からのフォローアップ

"リスク対応の実効性がない／不十分である"として指摘した事項については、フォローアップしなければならない。不十分なリスク対応が改善されないと、リスクが顕在化する可能性の高い状態が続くからである。また、指摘した時点と改善が完了する時点では、外部環境や内部環境は変化している。場合によっては、リスクはさらに大きくなっているかもしれない（図表4-23）。

◆図表4-23　フォローアップ時点でリスクは変わっている◆

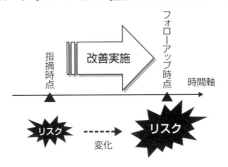

フォローアップでは、改善計画と改善完了を評価するとともに、改善の継続も評価する必要がある（図表4-24）。

◆図表4-24　リスク視点からのフォローアップのポイント◆

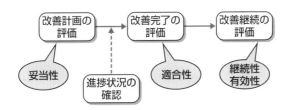

（1）改善計画の評価

リスク対応に不備や欠陥などがみつかれば、内部監査人は、監査対象部門の長に対して、その改善計画を求める。しかし、改善計画が提示されたからといって、それでよしとしてはいけない。監査を通じて挙がった指摘事項に対して、リスクを低減する効果のある改善計画であるかどうか、つまり、改善計画の妥当性を評価する必要がある。改善計画が提示された時点でしっかりと評価しておかないと、リスク低減に効果のない改善をいくら行っても無駄になってしまう。

具体的な例をみてみよう。A社の設計情報の管理に関わる監査での指摘事項と提示された改善計画である（図表4-25）。

◆図表4-25　提示された改善計画（例）◆

指摘事項	事実認識	改善計画	完了予定日
設計データベースへのアクセス権限について、人事異動で他部門に異動した旧部員のユーザIDが3件残っていた。ユーザID管理に不備がある。	指摘の通り、3件のユーザIDは削除漏れであった。速やかに削除する。	① ユーザID管理について、関係者全員に周知徹底を図る。 ② ユーザID管理マニュアルに、人事異動等で不要になったユーザIDを速やかに削除することのチェックを追加する。	① 20X2年〇月×日 ② 20X2年〇月×日

　提示された改善計画の1つ目に、"周知徹底"という対応がある。よくみかける改善計画の1つである。しかし、そもそも、ユーザID管理が徹底できていなかったから、指摘事項となったのである。これに対して"周知徹底"すると言われても、監査人として素直に受け入れてはいけない。リスク視点からみれば、"周知徹底"という対応は不十分であり、再発する可能性が高いと判断すべきである。なぜ、周知徹底できていなかったのかを分析して、その根本原因を取り除くような改善計画を求めるべきである。

　2つ目の改善計画は、"マニュアルに追加"するという対応である。確かに、指摘されたことを二度と起こさないように、今まで曖昧になっていた部分をマニュアルに明記することは必要である。しかし、そもそもマニュアルを読むだろうか。マニュアルをみるのは、どのような場合だろうか。新たにその業務をする時、あるいはどうしても困った時などにマニュアルを探してきて、該当する箇所をみているのではないかと思う。さらに、そのマニュアルが分厚いと余計に読みたくなくなってしまう。マニュアルに追記したら対応は完了扱いとなり、対応後にマニュアルが読まれているかどうかまではわからないままになってしまう。さらに、マニュアルは読む人によって解釈も異なってくる。

　手順書やマニュアルへの追加と同様に、"チェックリストへの追加"という対応にも注意が必要である。チェックリストを作成した当初はまだ、チェ

ック項目が新鮮で、慎重にチェックする。しかし、不備や欠陥などがみつかる毎にチェック項目を増やしていくと、チェックすべき項目の数がどんどんと多くなってくる。気がつけば、数十項目から100項目以上もチェックしなければならないという事態に陥る。まさに“茹でガエル現象”である。手順書やマニュアル、チェックリストに追記するという対応は、リスク視点からみれば、注意すべきである。

では、どのような改善計画であればよいだろうか。それは、規程や手順書、マニュアルを読まなくても、手順・フロー通りの流れに沿って行っていればよいように工夫することである。この例で言えば、人事異動の発令と同時にユーザIDを無条件で削除するように人事マスターと連携すればよい。引き継ぎがあるのでユーザIDの削除がすぐにはできないと言われることがよくあるが、これがユーザIDの削除漏れの元凶である。情報セキュリティは性悪説で臨むべきである。引き継ぎのためにユーザIDが必要であれば、期間限定の仮ユーザIDを別途、発行するなどで対応することも検討すべきである。ポイントは、「業務のプロセスや手順の中に埋め込まれているか」である。

(2) 進捗状況の確認

改善計画の妥当性が確認できたら、改善計画通りに進捗しているかをフォローする。リスク対応の実効性が十分でない部分について改善している途中であるので、リスク対応が不十分な状況がまだ続いている。計画通りに対応が完了しないと、それだけリスクの顕在化する可能性が高まる。監査人は、改善計画に遅れはないかを定期的に、少なくとも月次で確認しておくべきである。

(3) 改善完了の評価

監査対象部門から改善対応が完了したとの報告があれば、当初の計画通りに対応できたかどうかについて、その実施内容を評価する。その一方で、該当するリスク事象やリスク要因などが改善計画時から変化していれば、必要となるリスク対応も変わってくる。対応が完了した改善内容が直近のリスク

の顕在化を低減するなどに適合しているかどうかを評価することが重要になる。

（4）改善継続の評価

　改善対応の完了が確認できると、内部監査の基本的なプロセスでは、この時点でフォローアップが完了する。しかし、フォローアップはまだまだ続く。もっと言えば、永遠に続く。第4章で述べたように、企業等を取り巻く環境は変化するし、また、省略したり、さぼったりして、リスク対応は形骸化、陳腐化、あるいは属人化していく。例えば、次のようなことは多くの企業等でみられることだろう。

　　・組織変更、人事異動時などで、後任に引き継がれない
　　・慣れにより、リスク対応が形だけになっている
　　・環境の変化により、リスク対応が意味をなしていない
　　・特定の人しかわからない

　したがって、指摘事項で挙げたリスク対応の改善が継続して実施されているかどうか（継続性）を確認するとともに、有効に機能しているかどうか（有効性）をフォローアップしていくことが重要になる。この評価は、次回の監査時に行うのがやりやすい。ただし、環境の変化に応じて、適時にフォローアップすることに留意する必要がある。

> ### ここがポイント！👆
> - ●対応が完了した改善内容は直近のリスクに適合しているか
> - ●改善対応は業務のプロセスや手順の中に埋め込まれているか
> - ●次回の監査時に改善対応の継続性と有効性を確認する

コラム⑬

▶4M5Eマトリックス分析手法

　4M5Eマトリックス分析手法とは、事故や災害の原因について、次に示す4つの視点から要因を抽出し、これらの要因について5つの視点から対策を検討する分析手法である。

[4M]
・Man（人間的要因）
　危険行為、作業手順無視、勘違い、判断ミス、体調不良など、人に関わる要因
・Machine（設備的要因）
　設備・機械等の不良、破損、故障、磨耗、性能低下など、ハード面に関わる要因
・Media（作業的要因）
　不適当な作業場所や服装、不安全な作業姿勢、工程上の欠陥など、作業環境や作業情報に関わる要因
・Management（管理的要因）
　作業管理の欠陥、教育や指揮・監督の欠陥、設備・機械等の管理の欠陥など、管理面に関わる要因

[5E]
・Education（教育・訓練）
　品質教育や作業訓練など、業務遂行のために必要な能力、意識を向上させるための対策
・Engineering（技術・工学）
　生産技術や固有技術など、安全性を向上させるための技術的な対策
・Enforcement（強化・徹底）
　業務の徹底や優先順位など、業務を確実に実施するための対策
・Example（模範・事例）
　良品見本や模範作業、不具合事例など、具体的な事例を示す対策
・Environment（環境）
　現場環境や作業状態など、物理的な作業環境を改善する対策

対策 ＼ 要因	Man	Machine	Media	Management
Education				
Engineering				
Enforcement				
Example				
Environment				

　この分析手法によって、事故や災害の根本原因と再発防止に向けた対策の関係を明確にすることができる。

第4章　リスク対応の実効性評価と監査証拠の入手

第5章 ケーススタディ

　本章では、第4章で述べたリスク対応の実効性を評価するポイントを踏まえて、4つの具体的なケースを通して留意すべき点を解説する。ぜひ、解説を読む前に何に留意したらよいかを考えてみてほしい。

本章の内容

▶ ケース1：品質検査の実効性の評価（第1章の続き）
▶ ケース2：下請法遵守の実効性の評価
▶ ケース3：システム障害管理の実効性の評価
▶ ケース4：RPAによる業務効率化の実効性の評価

◆図表5-1　ケーススタディ◆

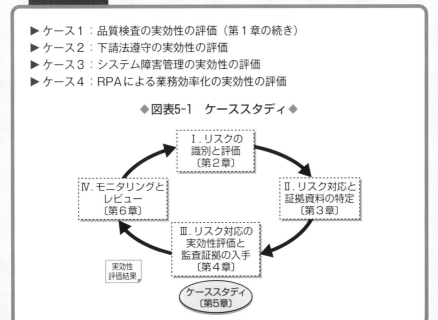

- Ⅰ. リスクの識別と評価〔第2章〕
- Ⅱ. リスク対応と証拠資料の特定〔第3章〕
- Ⅲ. リスク対応の実効性評価と監査証拠の入手〔第4章〕
- Ⅳ. モニタリングとレビュー〔第6章〕
- 実効性評価結果
- ケーススタディ〔第5章〕

品質検査の実効性の評価（第1章の続き）

第1章で設定したケース（図表1-2参照）について、検討を再開しよう。内部監査人Ｚさんは、監査手続を実施した結果を踏まえて、次のような指摘事項案を考えた。求めている改善は、検印漏れをなくすことである。

> **【内部監査人Ｚさんが考えた指摘事項案】**
> H製品の品質検査は、品質管理マニュアルに準拠して実施されている。ただし、「品質チェック票」100枚をサンプリングで査閲したところ、一部に検印のないものがあった。漏れなく検印することを徹底する必要がある。

内部監査人Ｚさんの指摘事項案を検討する前に、このケースで用いている監査技法の「査閲」について、少し説明しておきたい。「査閲」は基本的な監査技法の1つである。査閲なしでは監査は成り立たない。査閲とは、「実地に検査すること」（広辞苑）とある。査閲によく似た監査技法には「閲覧」がある。閲覧とは「図書や書類を調べ読むこと」（広辞苑）とある。どちらの監査技法も文書や記録などを監査人がみるという点では共通の行為なので、"閲覧・査閲"として区別せずに使われていることも多いが、厳密に言えば、査閲と閲覧は違う。規程や基準などを読み込んで内容を理解するときには"規程や基準の閲覧"、申請書や実施記録などの内容を評価するときには"申請書や実施記録の査閲"となる。一方、規程や基準の内容がそもそも適切であるかどうかを評価する場合には、閲覧ではなく、"規程や基準の査閲"と表すほうが正確になる。つまり、監査人がどのような意識で文書や記録をみるかによって、閲覧と査閲の違いがでてくる。

では、内部監査人Ｚさんが実施した監査手続の結果をみてみよう。内部監査人Ｚさんが識別したリスク事象とリスク要因、特定したリスク低減（発生頻度）と証拠資料は、図表5-2の通りである。

◆図表5-2　リスク事象、リスク要因、リスク低減（発生頻度）、証拠資料◆

リスク事象	品質不良の製品出荷
リスク要因	生産工程における不良品の混入
リスク低減（発生頻度）	製品出荷前の品質検査の実施
証拠資料	・品質検査マニュアル ・品質チェック票（サンプリング）

　内部監査人Ｚさんは、「出荷前の品質検査」というリスク低減（発生頻度）の実効性を評価するために、次のような４つの監査手続を実施した。その監査手続と結果を評価してみよう。

【監査手続１】
製品出荷前に実施する品質検査について手順が定められているかどうかを、品質検査マニュアルを査閲して確かめる。

【結果】

　品質検査担当者から提示された証拠資料である『品質検査マニュアル（Ver5.1）』には、「製品の出荷前に、本マニュアルで定めている品質チェック票に基づいて、品質検査を実施し、責任者の承認を得ること」との記述があった。また、同マニュアル（Ver5.1）が最新のバージョンであることは、品質管理ポータルサイトに掲載されている文書一覧で確認できた。

【評価】

　最新バージョンの品質検査マニュアルに品質検査を実施する手順が定められていることを確認できたので、リスク低減（発生頻度）の整備は行われていると言える。したがって、「製品出荷前の品質検査の実施」というリスク低減（発生頻度）の整備状況に不備はないと判断できる。ただし、品質管理ポータルサイトに掲載されているバージョンが最新版であることを確かめておく必要がある。

【監査手続２】
品質検査マニュアルに定められたものを使用して検査しているかどうかを、
直近１カ月間の品質チェック票をサンプリングで査閲して確かめる。

【結果】

内部監査人Ｚさんがサンプリングで抽出した「品質チェック票」100枚を査閲した結果、品質検査マニュアルに定められている「品質チェック票」と様式が少し異なるものが10枚あったが、チェック項目に差異はなかった。なお、品質チェック票のバージョンはVer 1.03であった。

【評価】

この結果から、品質検査マニュアルに定められたチェック項目で品質検査が実施されているので、リスク低減（発生頻度）の実施として、実行性の要件は満たしていると言える。そうすると、実施状況に不備はないと判断してしまいそうであるが、ちょっと待ってほしい。それは、品質検査マニュアルに定められた様式と異なる品質チェック票があったことである。チェック項目はすべて同一であったので、検査項目に漏れがあるわけではない。しかし、様式の異なるものがあるということに注目してほしい（図表5-3）。

◆図表5-3　様式の違いに着目（イメージ）◆

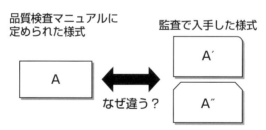

「品質チェック票」は、品質検査マニュアルに定められている重要な記録の１つである。その記録に複数の様式があるということは、文書管理が統制

できていないと言える。そもそも、様式が異なる品質チェック票のバージョンが同じVer 1.03であるということは、版管理ができていない。文書管理は、品質管理の基本中の基本である。様式を勝手に変更してはいけない。この状況は、品質検査部門が独自にチェック内容を変えようとし始めている証である。もちろん、品質検査の改善を図ることはとても重要であるが、勝手に様式を変更することは、組織として統制ができていないことになる。品質管理の所管部門が統制し、管理すべきことである。したがって、適合性の要件が満たされていないと言える。品質管理上の文書管理が陳腐化する兆候があるとみたほうがよい。

【監査手続3】
品質検査が適切に実施されているかどうかを、サンプリングで抽出した品質チェック票を査閲して確かめる。

【結果】

　最初のサンプリングで抽出した100枚と、追加で抽出した100枚の品質チェック票には、品質検査の結果が"不合格"とチェックされたものはなかった。最初に抽出した100枚のうち5枚において、責任者の検印がなかった。また、別の1枚においては、検査結果欄の1項目に合否のチェックがなく空欄であったが、担当者と責任者の検印はあった（図表5-4）。

【評価】

　この結果だけをみれば、品質検査において不良品は発見されず、100％合格という高い品質の製品がつくられているように思える。しかし、もう一度、第1章のケース設定（図表1-2）をみてほしい。品質合格率の基準（歩留まり率）である。この基準を95％に設定しているということは、出荷前の製品100個を品質検査すれば、5個程度の品質不良製品が発見される可能性が高いということを意味している。つまり、100枚の品質チェック票のうち5枚程度は、品質基準を満たさない不良品として不合格になった記録として含まれていってもおかしくはないことになる。内部監査人Zさんは、そこで追加

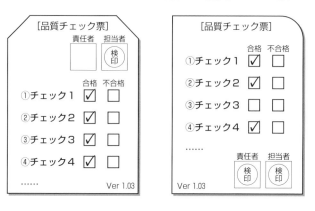

◆図表5-4　サンプリングで確認した品質チェック票◆

の監査手続として、もう100枚の品質チェック票をサンプリングして確認している。この対応は適切であったと言える。

　一方で、品質検査は行われているものの責任者の検印がない品質チェック票が5枚あった。内部監査人Zさんは、この事実から、検印漏れを指摘しようとしている。検印漏れがあるのは確かであるが、指摘すべきところはそこではない。

　指摘すべき点は次の2つである。1つは、なぜ、検印のない品質チェック票があるにもかかわらず、品質検査が完了しているのかである。検印がないということは、品質検査をして不良品を選別したことの確認がまだ行われていないということになる。本来、品質検査の結果を確認したことの証が検印の意味するところである。品質検査の結果確認がいい加減になっている可能性がある。もう1つは、1項目の検査結果欄が空欄、つまり、検査項目の合否がわからないにもかかわらず、担当者も責任者も検印していることである。品質検査の結果を確かめずに、ただ、押印することが目的になっているように思える。今後、デジタル化が進み、品質検査の確認が電子的な押印などに変わったとしても同様のことが言える。

　"空欄"は、人によっていろいろな意味に解釈される。それも自分に都合

のよいほうに解釈される。ほとんど意識せずに空欄の意味を瞬間に判断してしまうので、場合によって、判断を誤らせてしまう。空欄は、「まだ実施していないのか」、あるいは「対象外なのか」などと、いろいろな意味に化ける一種の妖怪である。記録や台帳などを査閲して空欄をみつけたら、"クウラン"という名の妖怪がでたと思って注意してほしい。

　これらの結果から、機能性と有効性の要件は満たされていないと言える。品質検査が形式的に行われているのではないか、形骸化していないかと考えるべきである。また、品質チェック票の様式にも改善の余地がある。例えば、合格は"○"、不合格は"×"を記入するなど、空欄にならないように様式自体の見直しを促すことも必要である。

> **【監査手続4】**
> 品質合格率の基準の根拠について、品質検査担当者に質問して確かめる。

【結果】

　品質検査担当者からは、「品質合格率の基準としている95％という数値は、たぶん3年前に全製品共通として設定された品質合格率基準ではないかと思う」との回答があった。

【評価】

　内部監査人Ｚさんは、この品質合格率基準が全製品共通であるとの回答から、これ以上の確認をしなかった。確かに95％の根拠となりそうな情報は確認できた。しかし、品質管理担当者の回答には曖昧なところがある。品質合格率という重要な基準の根拠について、「たぶん……と思う」と言っていることである。この回答から、品質合格率の基準が陳腐化あるいは形骸化している可能性がうかがえる。そもそも全製品共通というのも気になる。

　これらの結果から、リスク低減（発生頻度）の見直しとして、有効性と適時性の要件が満たされていない可能性があるので、もう1歩、踏み込んで確かめる必要がある。品質合格率の基準を設定してから3年が経過している。3年間にわたる製品の改善や構成部品の変更などを踏まえて、95％という品

質合格率の基準を見直ししているかどうかである。また、そもそも3年前に設定された全製品共通の品質合格率基準が適切なのかも気になるところである。製品毎の特性や部品の組合せの違いなどを踏まえると、全製品に共通の品質合格率基準が設定できるのかどうかである。

ここがポイント！

- 様式が統一されていないのは、文書管理の陳腐化が始まった兆候
- なぜ、押印がないのに、作業が先に進んでしまうのかを考える
- "クウラン"（空欄）という妖怪に注意
- 「たぶん……と思う」は陳腐化、形骸化の可能性あり

ケース 2 下請法遵守の実効性の評価

　ほとんどの企業等では、業務・サービスや情報システムなどの一部あるいは全部を外部に委託していることが多い。2つ目のケースは、この外部委託に関わる法令の1つである下請代金支払遅延等防止法（下請法）の遵守について取り上げる。

　B社の外部委託管理をテーマとした内部監査において、内部監査人Yさんが識別したリスク事象とリスク要因、そして、特定したリスク低減（発生頻度）と証拠資料は、図表5-5に示す通りである。

◆図表5-5　リスク事象、リスク要因、リスク低減（発生頻度）、証拠資料◆

リスク事象	下請法違反
リスク要因	下請法に定められた義務の不履行
リスク低減（発生頻度）	下請取引の一元管理
証拠資料	下請取引管理台帳（直近1年間）

　内部監査人Yさんは、証拠資料として20X1年1月から同12月における下請取引管理台帳を20X2年1月31日に確認した（図表5-6）。内部監査人Yさんは、この管理台帳をみて、下請取引の管理はできていると思ったが、"空欄"があるのをみつけて、管理担当者のEさんに対して、次のような質問を行った。

> **監査人Y**：20X1年の下請取引は、下請取引管理台帳にある2件ですか。
>
> **担当者E**：はい、そうです。20X1年の外部委託のうち、下請取引に該当したのは、この2件だけです。
>
> **監査人Y**：管理No.20X1-002の注文書交付日と注文請書受領日のそ

れぞれの欄が空欄です。委託先に対して、注文書を交付せずに依頼しているのではないでしょうか。

担当者E：いいえ、違います。当該委託案件は、電話による発注だったので、発注書面は交付していません。したがって、空欄になっています。

監査人Y：そうですか。状況はわかりました。でも、公正取引委員会などの第三者からみると、空欄のままでは発注書面を交付していないように受け取られますので、例えば、斜線を入れるなどで空欄にならないようにしてください。

担当者E：はい、わかりました。各欄について空欄にならないよう、斜線を入れるように注意します。

◆図表5-6　内部監査人Ｙさんが評価した下請取引管理台帳◆

下請取引管理台帳（20X1年1月－12月）

管理No.	委託業務	委託区分	委託内容	委託先事業者	注文書交付日	物品等受領期日（または役務提供期日）
						検査完了期日
20X1-001	金型製作	1	Ｐ部品の製造に必要な金型の製造委託	Ｆ社	5/1	9/15
						9/27
20X1-002	部品修理	2	Ｑ部品の修理委託	Ｇ社		7/15
						7/20

【委託区分】　1：製造委託　2：修理委託　3：情報成果物作成委託　4：役務提供委託

内部監査人Ｙさんの判断について検討するためには、遵守すべき法令である下請法について知っておく必要がある。法令で定めている内容がわからなければ、実効性を評価することはできない。企業等が業務・サービスや情報システムなどの一部あるいは全部を外部に委託する場合、業務委託契約に基づくことになるが、委託側、つまり、委託料金を支払う側の立場のほうが強いことが多い。この優位な立場を利用して、受託側に対して無理な変更を求めたり、支払いを遅らせたりするなど、優越的地位を濫用する行為が行われることがある。これらの行為を取り締まるために制定されている法令が「下請代金支払遅延等防止法」である。公正取引委員会と中小企業庁は、下請取引が公正に行われているかどうかについて、親事業者（委託側）と下請事業者（受託側）に対して、毎年、書面調査を実施するとともに、必要に応じて、親事業者への立入検査を行い、保存している取引記録などを調査し、違反行為を厳しく取り締まっている。下請法に違反した場合、公正取引委員会から違反行為を取り止めるよう勧告される。

20X2年1月30日

支払期日	注文請書受領日	物品等受領日（または役務提供日）／検査完了日	請求書受領日	支払日	備　考
10/31	5/8	8/29 ／ 9/10	9/12	10/31	納期前倒し
9/20		7/15 ／ 7/31	9/2	9/30	請求書遅れ

下請法では、親事業者に対して、4つの義務（図表5-7）と11の禁止行為（図表5-8）が定められている。

◆図表5-7　下請法が定めている親事業者の義務◆

親事業者の義務	内　容
書面の交付義務	発注の際は直ちに3条書面を交付すること
支払期日を定める義務	下請代金の支払期日を、給付を受領した日から起算して60日以内に定めること
書類の作成・保存義務	下請取引の内容を記載した5条書類を作成し，2年間保存すること
遅延利息の支払義務	支払が遅延した場合は遅延利息を支払うこと

◆図表5-8　下請法が定めている親事業者の禁止行為◆

親事業者の禁止行為	内　容
受領拒否	注文した物品等の受領を拒むこと
下請代金の支払遅延	給付を受領した日から起算して60日以内に定められた支払期日までに、下請代金を支払わないこと
下請代金の減額	あらかじめ定めた下請代金を減額すること
返品	受け取った物を返品すること
買いたたき	類似品等の価格または市価に比べて著しく低い下請代金を不当に定めること
購入・利用強制	親事業者が指定する物・役務を強制的に購入・利用させること
報復措置	下請事業者が親事業者の不公正な行為を公正取引委員会または中小企業庁に知らせたことを理由として、その下請事業者に対して、取引数量の削減・取引停止等の不利益な取扱をすること
有償支給原材料等の対価の早期決済	有償で支給した原材料等の対価を、当該原材料等を用いた給付に係る下請代金の支払期日より早い時期に相殺したり支払わせたりすること
割引困難な手形の交付	一般の金融機関で割引を受けることが困難であると認められる手形を交付すること
不当な経済上の利益の提供要請	下請事業者から金銭，労務の提供等をさせること
不当な給付内容の変更および不当なやり直し	費用を負担せずに注文内容を変更し、または受領後にやり直しをさせること

業に関わる委託をしている場合には、下請法に抵触しないように適切に管理できているかどうか、つまり、リスク対応の実効性があるかどうかを確かめる必要がある。なお、公正取引委員会のホームページに下請法に関わる詳細な解説が掲載されているので、必要に応じて参照してほしい。

では、内部監査人Ｙさんの判断について検討しよう。内部監査人Ｙさんは、提示された証拠資料である下請取引管理台帳の査閲と管理担当者への質問を踏まえて、下請取引管理台帳の空欄をなくすように指摘している。果たして、それでよいだろうか。下請取引管理台帳を精査してみよう。

① 注文書を交付していない下請取引がある

内部監査人Ｙさんは、下請取引管理台帳の注文書交付日と注文請書受領日の欄に空欄があることをみつけて、管理担当者に質問している。"クウラン"という妖怪をみつけたのである。そこまではよかったのだが、空欄になっている理由を管理担当者から聞いて、納得してしまっている。口頭による発注も契約として成立するので、注文書がなくても構わないと思っている。しかし、下請法第３条には、発注に際して直ちに下請事業者に発注書面（３条書面）を交付しなければならないと定められている。口頭による発注では書面の交付義務違反となるので、ここでは指摘しなければいけない。

② 代金支払日が納品日から起算して60日を越えている下請取引がある

下請取引管理台帳に記載された下請取引２件は、どちらも代金の支払日が納品日から起算して60日を越えている。下請法では、給付を受領した日から起算して60日以内に代金を支払う義務がある。つまり、納品日から起算して60日を越えての代金支払いは下請法違反になる。特に、管理No.20X1-002では、下請事業者からの請求書が遅れたことを理由にして代金支払い遅れとしている。しかし、下請法では、「下請事業者から請求書が届くのが遅れたから、代金の支払いが納品日から起算して60日を越えてしまった」というような言

第5章 ケーススタディ

145

い訳は通用しない。下請取引に該当する委託案件については、支払期日を忘れないように管理する必要がある。内部監査人Yさんは、もう少し、下請取引管理台帳を精査すべきであった。

③ 納期前倒しは優越的地位の濫用のおそれがある

下請取引管理台帳の備考欄をみると、“納期前倒し”という記述がある。これだけでは判断できないが、下請事業者に対して納期の前倒しを求めたとすれば、無理な変更を求めるという優越的地位の濫用行為に該当するおそれがある。内部監査人Yさんは、この下請取引について、より詳細に確認する必要があった。

④ 3条書面、5条書類との突合せが必要である

内部監査人Yさんは、リスク低減（発生頻度）の証拠資料として下請取引管理台帳だけを評価している。ここで注意しておくべき点は、台帳に記載された日付などは注文書や支払伝票などから転記されたものであるということである。つまり、下請取引管理台帳に記載された支払日が実際に下請事業者に入金された日なのかどうかについて、下請取引管理台帳だけからは判断できない。下請取引管理台帳上で問題がないからといって、それで評価を終わらせてはいけない。実際の注文書や支払伝票の日付と照合していないからである。もしかしたら、実際の支払日とは関係なく、台帳上は仮の支払日が記入されているだけかもしれない。下請法では、親事業者に対して、下請取引の内容として、給付の内容や下請代金の額、支払期日などを記載した書類（5条書類）を作成し、2年間保存することを義務づけている。証拠資料とした下請取引管理台帳には、5条書類に必要な下請代金の額などがないので、5条書類には当たらない。内部監査人Yさんは、下請取引管理台帳に記載された下請取引2件について、3条書面と5条書類を証拠資料として確認し、下請取引管理台帳と突合せする必要があった。

さらに言えば、下請取引管理台帳と5条書類の記載項目はかなり重複して

いて、いわゆる二重管理になっている状態と言える。二重管理は、片方への記載漏れや転記ミスなどの原因になりやすく、また、管理上の効率も悪い。この点についても改善を促すべきであった。

⑤ 下請取引の網羅性を確かめる必要がある

内部監査人Yさんが評価した下請取引管理台帳には、2件の下請取引が記載されていた。管理担当者Eさんへの質問でも、下請取引に該当する外部委託はこの2件だけであるとの回答であった。内部監査人Yさんは、これらの結果から、下請取引はこの2件ですべてだと判断している。しかし、それでよいだろうか。下請取引に該当する委託がほかにあるにもかかわらず、下請取引として管理されていないということはないだろうか。そもそも、下請取引に該当する委託かどうかの判断は誰が行っているのだろうか。下請法の適用となる取引とは、業に関わる委託をしている場合であって、取引当事者の資本金（または出資の総額）の区分と、取引の内容（製造委託、修理委託、情報成果物作成委託または役務提供委託）の両面から定められている。つまり、下請取引に該当するかどうかの判断は、担当者だけでは難しい取引もあり得る。内部監査人Yさんは、下請法の適用判断について、もっと質問し、そのプロセスを確認すべきであった。

⑥ その他の注意点

上記①から⑤は、下請法に関わる点についてみてきた。それ以外にも、証拠資料に共通して注意すべき点がある。それは、"日付"である。一般に"台帳"は、常に最新の状態に更新しておくべき文書である。最新かどうかを判断する情報が"更新日"である。図表5-6の下請取引管理台帳では、右上に記載されている日付と思われる。証拠資料が提示されたのが20X2年1月31日であり、下請取引管理台帳の日付は20X2年1月30日である。この日付は、下請取引管理台帳を更新した日付だろうか。記載されている2件の下請取引は、すでに代金支払いまで完了しているものであり、20X2年1月30日に更

新するような内容ではない。監査の前日であることを踏まえると、おそらく証拠資料として提示するために印刷したものではないかと推測できるが、これも想像の域をでない。この下請取引管理台帳をみただけでは、その日付が更新日なのか印刷日なのかを判断することはできない。更新日と読む人もいれば、印刷日と読む人もいるので、都合のよいほうに解釈される。今では、台帳や記録などは表計算ソフトやワープロソフトなどを使って電子ファイルとして作成していることが多く、印刷日を自動的に表示する設定にしていると、意識しないままに印刷日が表示されてしまう。電子ファイルを印刷した証拠資料の日付欄は要注意である。

　これらの結果から、リスク低減（発生頻度）の実施として、特に準拠性の要件が満たされていない可能性が高いと言える。このケースでは法令への準拠性であるので、速やかに改善を図るように指摘する必要がある。

ケース 3　システム障害管理の実効性の評価

　3つ目のケースは、C社における受発注システムについてである。内部監査人Tさんは、受発注システムの障害管理が適切に行われているかどうかを監査した。内部監査人Tさんが識別したリスク事象とリスク要因、そして、特定したリスク顕在化時対応と証拠資料は、図表5-9に示す通りである。

◆図表5-9　リスク事象、リスク要因、リスク顕在化時対応、証拠資料◆

リスク事象	受発注業務の停止
リスク要因	受発注システムの障害によるシステム停止
リスク顕在化時対応	発生したシステム障害の原因を分析し、再発防止を実施
証拠資料	・システム障害管理規程 ・システム障害一覧表 ・システム障害報告書（サンプリング）

　内部監査人Tさんは、受発注システムに関わる障害管理の実効性を評価するため、図表5-10に示す監査手続を実施した。監査対象となる開発部門から、証拠資料として、システム障害管理規程、システム障害報告書（図表5-11）、システム障害一覧表（図表5-12）が提示された。

第5章

ケーススタディ

◆図表5-10 内部監査人Tさんが実施した監査手続とその結果◆

	監査手続	結果
1	システム障害が発生した場合の対応が規定されているかどうか、「システム障害管理規程」を査閲して確かめる。	開発部門から提示された「システム障害管理規程」第10条に、「システム障害が発生した場合は、システム障害報告書を作成して報告するとともに、再発防止策の実施完了まで管理しなければならない」と規定されていた。なお、システム障害管理規程の所管は、品質管理部門である。
		提示された規程は、イントラネットに掲載されている同規程と同一バージョンであることから、最新版であることが確認された。
2	システム障害管理規程に基づいて報告書が作成され、報告されているかどうか、「システム障害報告書」をサンプリングで査閲して確かめる。	発生したシステム障害について報告書を作成し、報告していることの証拠資料として、開発部門から「システム障害報告書」のサンプルが1枚提示された。
3	直近1年間で発生したシステム障害の管理状況について、システム管理担当者に質問して確かめる。	開発部門のシステム管理担当者から、『発生した障害は、原則、システム障害一覧表で管理しています』との回答とともに、証拠資料として「システム障害一覧表」が提示された。
4	発生したシステム障害が漏れなく管理されているかどうか、「システム障害一覧表」を査閲して確かめる。	監査手続2で入手したシステム障害報告書にあるシステム障害は、監査手続3で入手したシステム障害一覧表に記載されていた。

◆図表5-12 提示されたシステム障害一覧表◆

システム障害一覧表（20X1年度）

システム名	障害発見日	発見者	障害状況
販売管理システム	20X1/7/1	経理部門	取引先P社への二重請求
受発注システム	20X1/8/5	C社調達部担当者	受発注システムへのログイン不可、取引先社からの8月発注分遅延
生産管理システム	20X1/5/10		生産ラインAが3時停止

◆図表5-11 提示されたシステム障害報告書◆

システム障害報告書

○○○開発部

報告日：20X1年11月20日

システム名	受発注システム
障害発見日	20X1/8/5（月）　　**発見者**　　C社調達部担当者（取引先）
障害状況	受発注システムへのログインが不可となり、取引先5社からの8月発注分が遅れてしまった。
障害原因	8/4（日）に修正したログインユーザ認証部分のプログラムコーディングミス。
暫定対応	当該プログラムを修正前のバージョンに戻した（20X1/8/5）。
再発防止策	当該プログラムを正しく修正し、反映した（20X1/8/7）。
品質管理部門コメント（20X1.11.29）	プログラムミスから取引先に影響を与えています。再発しないように、周知徹底を図ってください。

20X2年1月10日現在

○○○開発部

障害原因	暫定対応	再発防止策	備　考
…求処理プログラムの…グ	当該プログラムを修正して再計算（20X1/7/1）	（外部委託先なのでなし）	
…4（日）に修正したロ…インユーザ認証部分…プログラムコーディ…グミス	当該プログラムを修正前のバージョンに戻した（20X1/8/5）	当該プログラムを正しく修正し、反映した（20X1/8/7）	
		検討中	

内部監査人Tさんは、システム障害管理規程、システム障害報告書、システム障害一覧表を査閲して、リスク顕在化時対応は有効に機能していると判断し、次のような監査結果案をまとめた。

【内部監査人Tさんの考えた監査結果案】
　発生したシステム障害について、「システム障害管理規程」に基づき、「システム障害報告書」が作成、報告され、システム障害一覧表で管理されている。また、障害の発生原因を分析して、暫定対応と再発防止策が実施されている。したがって、受発注システムの障害管理は適切に行われていると判断できる。

　読者のみなさんは、内部監査人Tさんの判断について、どのように考えるだろうか。証拠資料として提示されたシステム障害管理規程、システム障害報告書、システム障害一覧表を順にみてみよう。

〈証拠資料1：システム障害管理規程〉
　まず、システム障害管理規程からみてみよう。“規程”という名称がついていることから、組織としてシステム障害を管理するとの認識があると判断できる。障害管理を適切に行うには、障害管理の目的、障害発生時の対応、レポーティングラインなどを定めておくことが重要となる。監査手続1の結果として、システム障害管理規程第10条において、「システム障害が発生した場合は、システム障害報告書を作成して報告しなければならない」と規定していることを確認している。
　イントラネットに掲載されている同規程と同バージョンであることも確認できている。ただし、イントラネットに掲載されているバージョンが最新版であるかはわからない。

〈証拠資料2：システム障害報告書〉

　では、監査手続2で開発部門から提示されたシステム障害報告書はどうか。内部監査人Tさんは、提示されたシステム障害報告書を査閲し、システム障害管理規程第10条に基づいて作成され、報告されていると判断した。また、発生した障害の原因を分析して再発防止を実施しているとして、リスク顕在化時対応は有効に機能していると結論づけた。果たして、提示された1枚のシステム障害報告書から、このような監査結果を導き出せるだろうか。確かに、20X1年8月5日に発生したシステム障害について報告書が作成されていることは事実である。しかし、この事実だけで他のシステム障害についても報告書が作成されていると結論づけることはできない。たまたま作成していた報告書を提示しただけかもしれないからである。監査人がサンプリングした証拠資料ではないので、提示された証拠資料だけで判断するのは即断すぎる。

　また、システム障害報告書の記載項目はどうか。内部監査人Tさんは、障害管理が適切に行われていると判断しているが、この報告書の記載項目から、適切に障害管理できていると言えるだろうか。そこで、この1枚のシステム障害報告書から読み取れる、気になる点をいくつか挙げてみたい。

① 報告が遅い

　障害発見日は8月5日であるにもかかわらず、開発部門からの報告日は11月20日である。発見日から3ヵ月以上経過していて、適時に報告が行われているとは言い難い。

② 報告書の作成者、報告先が不明

　システム障害報告書には、作成者、承認者の記入欄がない。誰が誰に報告したのかが不明である。

③ 障害発生日時が不明

　システム障害報告書には、障害発見日の記載項目しかなく、発見時刻の情報がない。さらに、障害がいつから発生していたのか、つまり、障害発生の情報もない。障害の発生から発見まで、どのくらいの時間を要したのか、言い換えれば、障害の検知が早くできたかどうかを分析する情報が欠けている。取引先が障害を発見する前に検知するための対応を検討するには、障害発生日時の情報が必要になる。

④ 障害管理番号がない

　提示されたシステム障害報告書に該当する障害は、システム障害一覧表に記載されていた。しかし、管理番号がないので、報告書と一覧表の対応づけが容易にできない状態である。

⑤ 障害ランク、原因種別がない

　システム障害報告書には、障害による影響の大きさを示す障害ランクや、障害原因を区分する原因種別の記載項目がない。これでは、個々の障害については対応ができても、類似の障害発生を防止するための傾向分析ができず、再発防止に向けた適切な対応が検討できない。システム障害の原因種別には、例えば、図表5-13のような分類がある。

◆図表5-13　システム障害の原因種別（例）◆

	種　別	障害原因の例
1	要件の誤り	発注仕様の誤り、システム動作環境、運用環境（前提条件等）の認識誤り、システム対象業務分析ミス、非機能要件の評価誤り、セキュリティ機能要件の誤りなど
2	ソフトウェアの誤り	機能不適合、データ加工・処理ミス、条件判定ミス、処理タイミング・ミス、情報の誤表示等、コーディング・ミス（脆弱性）など
3	調達ソフトウェアの不具合	調達ライブラリの仕様不適合、ミドルウェアの不安定稼働、ドライバソフトウェアの不具合、調達ソフトウェアの脆弱性など

4	ハードウェア故障・性能低下等	ハードウェア故障（周辺装置・機器、制御装置を含む）、故障時の代替機の調達困難、ハードウェア処理能力の低下、想定状況外での不安定動作、製造プロセスにおけるマルウェアの混入など
5	製品間インターフェイスの誤り	ハードウェアおよびソフトウェア製品単体の機能としては問題ないが、それぞれの組合せの不整合等により発生するトラブルなど
6	性能・容量等の不足	トランザクションや処理の集中に伴う処理速度の低下、データ量増大に伴うデータ記憶領域の不足、不正アクセス等による過負荷など
7	移行時の誤り	ソフトウェア修正時のデグレード発生、データ移行の失敗、機器およびソフトウェアの設定ミスなど
8	運用・保守方法・手順等の誤り	マニュアル等の誤りや過信、操作手順に関する誤解や誤り、慣れに伴う操作の誤解や誤り、脆弱性対応手順の誤り（パターンファイルの不適用等）など
9	情報システム障害発生時の対応の誤り・遅れ	情報システム障害発生時の復帰手順の整備不足、復帰操作の誤解や誤り、縮退運転機能の欠落、関係者への周知不足、対応の遅れなど

出所：経済産業省「情報システムの信頼性向上に関するガイドライン」2009年3月、第2版、37頁に基づき、筆者作成。

⑥ 原因の分析がされていない

　開発部門が挙げた再発防止策では、なぜ、プログラムミスをしたのかの原因が分析されていない。「プログラムの修正を間違ったから、正しく直した」のは当たり前であり、再発防止策ではない。プログラム担当者に修正すべき部分の知識がなかったのか、知識はあったが判断を間違ったのか、あるいは、事前の調査不足だったのかなど、根本的な原因について分析ができていない。これでは今後も同様のミスが続く可能性が高い。

　そもそも、プログラムを修正した時にテストを実施したのかも疑わしい。どのようなテスト項目を設定して実施したのかも重要である。テストは、製造開発や情報システム開発でよく行われるリスク低減（発生頻度）の1つであり、要件が満たされているかどうかを確かめることなどである。例えば、製造業では、完成した製品に欠陥がないかどうかをテストする。情報システムでは、プログラムに瑕疵（バグ）がないかどうかや、仕様通りに稼働する

かどうかなどをテストで確認する。テストを通じて、欠陥や不備などの不具合が発見される。このテストに要する工数と発見された不具合の関係をグラフにすると、一般に図表5-14に示すような曲線になる。この曲線は、信頼度成長曲線と呼ばれている。

◆図表5-14　信頼度成長曲線◆

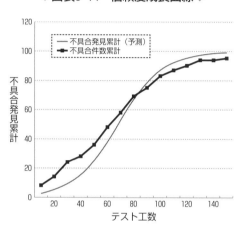

この曲線から、次の2つのことが言える。

・テストをすればするほど、不具合は発見される
・ある程度までテストを重ねると、発見される不具合は逓減する

　つまり、テストは不具合を発見するためのものである。テスト結果記録を査閲して、テスト結果がすべてOKであれば、テストが不十分ではないかと疑ってみるとよい。一方、テスト計画書に「不具合発見率」というようなテスト指標があれば、テストの意味をわかっていると推測できる。

⑦　品質管理部門としての監理ができていない

　システム障害報告書の品質管理部門コメント欄には、「再発しないように、周知徹底を図ってください」と記載されている。"周知徹底"は便利な言葉であるが、周知徹底できていないから障害が発生している。よく、「教育・研修で周知徹底を図っている」というリスク対応が挙がってくることがある。何となくできているように思えてくるが、周知徹底ほど難しいことはない。一体、"周知"とは何であろうか。どうすれば、周知したと言えるのか。周知とは、「あまねく知ること。知れわたっていること」（広辞苑）とある。"あまねく"は、「すべてにわたって。広い」（広辞苑）という意味である。例えば、基準の改訂をイントラネットに掲載して周知したと言えるためには、掲載した時点で役職員などがイントラネットをみて、かつ掲載内容を読む必要がある。一般的なイントラネットでは、最新のものから順に掲載されるので、時間が経てば、古い掲示はどんどん後ろに追いやられて、なかなか探しにくい。イントラネットに掲載しただけでは、周知したとはとても言えない。むしろ、ほとんど読まれないと考えたほうがよい。

　一方、"徹底"とは、どのような状態のことであろうか。徹底とは、「底までつらぬきとおること。のこる所なく行きとどくこと」（広辞苑）という意味である。読み合わせをしたくらいでは、とても徹底したとは言えない。周知徹底とは、この"周知"と"徹底"が合体した言葉であるので、求めているレベルは非常に高い。基準の改訂について、中身を理解していることまでが求められる。周知徹底は、とても便利な、しかし、安易に使ってはいけない言葉であると考えたほうがよい。監査人としては、周知徹底という言葉がでてきたら誤魔化されないように要注意である。

　品質管理部門は、開発部門に対して、システム障害報告書に記載された再発防止策では不十分であるとして、報告書を差し戻すべきである。

〈証拠資料3：システム障害一覧表〉

　監査手続3で開発部門から提示されたシステム障害一覧表はどうか。確か

に、監査手続2で提示されたシステム障害は、一覧表に記載されていた。そのほかにも2件のシステム障害が記載されていることから、内部監査人Tさんは、発生したシステム障害はシステム障害一覧表で管理されていると判断している。しかし、それで大丈夫だろうか。システム障害がこの3件だけであることを確かめていない以上、発生したシステム障害がすべてシステム障害一覧表で管理されていると結論づけることはできない。

　また、システム障害一覧表の記載内容についても注意すべきである。再発防止策が検討中のまま長期間放置されていたり、外部委託先によるプログラムミスが原因だから再発防止策はないとしていたり、"クウラン"という妖怪も出現している。

　もう1つ、監査手続3の「質問」について補足しておきたい。「質問」は、査閲とともに基本的な監査技法の1つである。質問では、監査対象に関係のある人との会話を通じて、監査項目に関わる事実を聞き出す必要がある。質問を受ける側からすれば、虚偽の内容は言わないにしても、あえて、指摘されるようなことまで話すことはない。いかに的を射た質問ができるかどうかが監査人の腕の見せ所である。

　リスク視点からの質問では、規定や手続、手順の通りにはやっていないこと、つまり、例外がないかどうかを聞き出すとよい。その際のキーワードは、"原則は……"と"基本的に……"である。「原則、△△の手順です」、「基本的には、□□に従っています」というような発言があれば、そこに例外があると考えてよい（図表5-15）。

◆図表5-15　例外あり？◆

○○の管理は、どのようにしていますか？

原則、△△の手順です。

基本的には、□□に従っています。

監査人　　担当者

例外あり……？

　業務・サービスや情報システムなどがすべて規定通りに行われているとは限らない。ある状況下では、規定に従わなくてもよいという暗黙の例外もある。しかし、規定に例外を認めると、芋づる式に例外が増えていく。そもそも、例外にはわけがある。監査人には、その理由を聞き出すヒアリング・スキルが必要である。

　以上のことを踏まえると、内部監査人Tさんの考えた監査結果案のままでは不十分と言える。例えば、次のような指摘事項と追加の監査手続が必要になる。

【指摘事項】（例）　　※カッコ内は指摘対象部門
・「システム障害管理規程」第10条には、報告のタイミングが明記されていない。例えば、「原則として、障害発生後5営業日以内に報告しなければならない」など、報告期限を明確にするよう、規程を見直す必要がある（品質管理部門）。
・「システム障害報告書」には、報告者と責任者の確認印欄がない。誰がいつ報告したのか、責任者は報告内容を確認したのかがわかるような様式に見直す必要がある（品質管理部門）。

・「システム障害報告書」には、障害管理番号、障害発生日時、障害発見時刻、障害ランク、障害原因種別などの項目がない。再発防止策の検討に必要な項目を追加するなど、様式を見直す必要がある（品質管理部門）。

【追加の監査手続】（例）
・「システム障害管理規程」の最新版を確認して、イントラネットに掲載されているバージョンと同一であるかを確かめる。
・開発部門に対して、障害発生から3ヵ月以上が経過して報告している理由を質問する。また、品質管理部門に対しても、報告が遅くなっていることの是正についてコメントしていない理由を質問する。
・「システム障害一覧表」から別のシステム障害を抽出し、該当するシステム障害報告書を査閲し、漏れなく報告が行われているかを確認する。
・発生したシステム障害を漏れなくシステム障害一覧表に記載するためにどのように管理しているかを開発部門の責任者とシステム管理担当者に質問する。また、品質管理部門では、システム障害一覧表への記載漏れがないことをどのようにチェックしているかを質問する。
・提示されたシステム障害報告書では、実施された再発防止策が根本的な解決にはなっておらず、品質管理部門もその点についてコメントしていない。別のシステム障害報告書を査閲し、再発防止策と品質管理部門のコメントが適切であるかを確認する。

ここがポイント！
● 文書や記録の形式に惑わされるな。中身を読み込め
● 提示された証拠資料だけで判断するな
● "原則"、"基本的に"のキーワードに注意。そこには例外あり

RPAによる業務効率化の実効性の評価

ケース 4

最近、「働き方改革」が重要な経営課題の1つとなってきている。その解決策として注目されているのが、RPA（ロボティック・プロセス・オートメーション：Robotic Process Automation）と言われる技術である。RPAの定義にはいろいろあるが、ここでは「システムやアプリケーションをまたがって人手でPC操作する定型作業を"ソフトウェアロボット"に記録し、実行させる技術」としておく。RPAを導入することで、人手による単純な反復作業の削減、作業の正確性と精度の向上、多頻度化など、業務の効率化やコスト削減などが期待されている。このRPAによる業務効率化について、4つ目のケースとして検討しよう。

D社では、業務効率化が喫緊の課題であり、すでにバックオフィス部門でRPAの導入が始まっていた。業務管理部門で先日発生した「入力間違いの事務ミスに起因する誤発注」の再発防止策も、RPAによる処理の自動化によって作業ミスを排除するものであった（図表5-16）。

第5章

ケーススタディ

◆図表5-16　監査対象部門から提示された改善策（RPAによる作業の自動処理）◆

<現行作業>
　毎朝、Aシステムの出力帳票から数値をExcelに転記し、Excelマクロの実行結果を
Bシステムの画面に手入力する作業

<再発防止策>
　Aシステムの出力帳票をPDF化して保存しておき、一連の現行作業を自動で実行する

[ソフトウェアロボットZ]

　内部監査人Uさんは、この再発防止策について、次のように評価した。

【内部監査人Uさんの評価】
　誤発注の原因は、手作業による帳票から転記ミスである。この箇所を自動化することによって、転記ミスは防止することができる。この再発防止策で問題はない。

　内部監査人Uさんの評価は妥当であろうか。この再発防止策について、業務管理部門に確認することはないだろうか。そこで、このRPAによる自動化について、リスク視点から検討してみよう。
　その前に、RPAによる自動処理の一般的な作り方を確認しておく。

①一通りの画面操作をキャプチャして記録（録画）する。

②条件分岐や繰り返し、電子メール送信、エラー時の処理など、必要に応じて、アイコンやコマンドによる設定で処理を追加する。

③より複雑な処理が必要な場合には、プログラムの記述を追加する。

RPAは、ツールの使い方を習得すれば開発することができ、システム部門が関与しなくても業務の自動化を図ることができる。従来のエンドユーザ・コンピューティング（EUC）ツールと同じ考えであるが、EUCツールは1つのソフトウェア内で処理を完結させるのに対して、RPAは、複数のシステム、ソフトウェア、電子メールなどを組み合わせて一連の処理を作る。また、関連部門が複数にまたがることになる。システムの開発や運用、保守の素人がシステム化できるという点にも留意が必要である。

では、RPAには、どのような落とし穴が考えられるだろうか。図表5-17に示す①から⑨の箇所について、それぞれ確認すべきポイントを挙げてみよう。

◆図表5-17　RPAによる作業の自動処理の確認ポイント◆

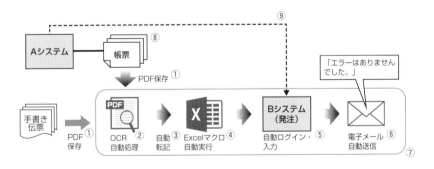

① PDF 保存

まず、Aシステムからの出力帳票および手書き伝票をPDF保存する作業について検討する。この作業は手作業で行い、PDF化されたファイルは、ソフトウェアロボットZ（以下、「ロボットZ」と言う）が読み込む入力ファ

イルになる。具体的には、人が帳票や手書き伝票を複写機でスキャンして指定フォルダ内にPDF形式で保存する作業であり、決して難しい作業ではない。だからと言って、間違いは生じないとは限らない。作業者はこのPDF保存よりも優先度の高い作業があり、おそらく、その作業の合間にPDF化して保存するであろう。多忙な時期もあると思う。PDF化が容易であるだけに、1度作業すれば慣れてしまう。そこに落とし穴がある。例えば、PDF化すべき帳票や手書き伝票に漏れがあったらどうなるだろうか。前日に保存したPDFファイルを上書きするルールだとすれば、PDF化が漏れた帳票や手書き伝票のファイルは前日のファイルのままになってしまう。ロボットZは、前日のPDFファイルを当日分と思い込んで処理してしまう。保存するPDFファイルのファイル名に日付をつけるルールにしたとしても、その日付を間違えたりするかもしれない。当日のPDF化を後回しにしたことで、失念することもありうる。これらのことを踏まえると、内部監査人Uさんは、「RPAによる自動処理の前提となるPDFファイルに不備があった場合、どのようなエラー対応が組み込まれているか？」を確認する必要がある。

② OCR自動処理

次は、保存されているPDFファイルをOCR自動処理する作業である。ここから、ロボットZの出番となる。OCR自動処理はツールを使って行うが、文字認識率が100%かと言えば、それは難しい。手書き伝票などは書く人の字体に癖があるので、例えば、"1"（イチ）なのか"7"（ナナ）なのか、"0"（ゼロ）なのか"O"（アルファベットのオー）なのか識別しにくい。識別エラーとして明示的にエラーになればまだいいが、別の文字として認識してしまうと気づかないおそれもある。内部監査人Uさんは、「認識エラーや誤認識があった場合、どのような対応が組み込まれているか？」を確認する必要がある。

③ スプレッドシートへの自動転記

　ロボットZは、毎日、OCR自動処理されたPDFファイルの指定された位置に記載されている文字を読み取り、指定されたスプレッドシートを開いて、指定されたワークシート上の指定されたセルに入力していく。しかし、当該スプレッドシートがサーバ上に共有状態にあれば、誰かがスプレッドシートに列を追加したりするかもしれない。場合によっては、入力すべきセルの列がずれてしまう可能性がある。このような場合も想定すると、内部監査人Uさんは、「スプレッドシートに列が挿入されるなどの変更があった場合でも、ロボットZの自動処理に影響がないようになっているか？」を確認する必要がある。

④ スプレッドシートのマクロ処理

　ロボットZは、Aシステムの帳票や手書き伝票のデータをスプレッドシートに自動転記した後、スプレッドシートのマクロ処理を実行する。適正なデータであれば、マクロ処理は正常に実行される。しかし、上記②で挙げた誤認識の例のように、本来、数値で入るべきセルにアルファベットが入っていると、マクロ処理でエラーとなる可能性がある。エラーとなってロボットZが停止するのか、あるいは、エラーを無視して後続の処理を続けてしまう（＝暴走）のかは、自動処理の作り方次第である。内部監査人Uさんは、「スプレッドシートのマクロ処理でエラーがあった場合、どのようなエラー対応が組み込まれているか？」を確認する必要がある。また、上記③と合わせて、スプレッドシートに不用意な変更がなされないように、「スプレッドシートの列の追加や削除、マクロ変更などを制限する統制はあるか」、つまり、スプレッドシート統制についても確認する必要がある。

⑤ Bシステムへの入力

　スプレッドシートのマクロ処理の次は、その結果をBシステムに入力する作業になる。ロボットZは、あらかじめパラメータとして設定されたBシス

テムのIDおよびパスワードを使ってBシステムにログインする。このパラメータは、Bシステムへのアクセス権限情報なので、ハードコーティング、つまり、平文のままで記述された状態で権限外者がみれてしまうと、悪用されるおそれがある。このようなことを踏まえて、内部監査人Uさんは、「Bシステムにログインする際に使用するIDおよびパスワードは、自動処理の記述にどのように書かれているか？」、「処理記述を参照／更新できる権限は、Bシステムへの権限を踏まえて設定されているか？」を確認する必要がある。

　一方で、ロボットZは、Bシステム上の指定された画面の指定された位置にあるエリアへの入力を実行していく。もし、Bシステムの画面レイアウトが変更されていたら、どうなるだろうか。画面レイアウトが変更されているとは知らないロボットZは、何等の疑いもなく、忠実に、しかし誤ったエリアに入力していく。そのエリアの入力値がBシステム側のチェックでエラーになればいいが、その保証はない。手作業で処理していれば、例えば、Bシステムの画面レイアウトが変更されても、人が柔軟に対処することができる。しかし、自動化することによって、このような融通が利かなくなり、結果として実効性が低下することになる。これは、前章で述べた自動化による実効性低下の一例である。システム部門がBシステムの画面レイアウトを変更する前に、影響のあるロボットを抽出して、事前に修正等の依頼を関連部門に連絡するなど対応するのがあるべき姿である。内部監査人Uさんは、「画面レイアウトなどのUI（ユーザインタフェース）が変更された場合でも、自動処理に影響はないようになっているか？」、「BシステムのUI変更に対応して自動処理の記述を修正する必要がある場合、誰がいつ、どのように修正／テストするのか？」を確認する必要がある。

⑥ 電子メール

　ロボットZは、Bシステムからログアウトした後に、一連の処理がエラーなく終了したことを通知するために、関係者宛に"エラーはありませんでした"という内容の電子メールを送信する。ここにも落とし穴がある。"エラーが

ない"と"正常に終了"とは同じではないということである〈コラム⑧　フレーム問題　参照〉。関係者は、このメールが届けば、"処理は正常に終わった"と思ってしまう。果たして、正常に終わったと言えるだろうか。何も変更なければ、処理は正常終了しているだろう。そして、その状況はしばらく続いていく。しかし、OCR認識エラー、スプレッドシートやBシステムの画面レイアウトの変更などで誤った数値を誤ったエリアに入力してもエラーとして認識できなければ、気づかないという状況になってしまう。内部監査人Uさんは、「電子メールで発信する"エラー"有無は何に基づいて判断しているのか？」を確認する必要がある。また、メールシステムの不具合からメールが送信されないことも想定されるので、「メール送信エラー時の対応は組み込まれているか？」も確認する必要がある。

⑦　自動処理全体

業務管理部門は、再発防止策としてロボットZを自ら作成している。しかし、システムに詳しくないユーザ部門が作成しているので、運用が始まってからの管理や保守があいまいになりやすい。このような状況を踏まえると、内部監査人Uさんは、「ロボットZの管理者、担当者は誰か？」、「担当者の不在時などに発生するかもしれないトラブルに対応できる内容が記述されたドキュメントはあるか？」を確認する必要がある。

⑧　Aシステムの帳票および手書き伝票

ロボットZは、Aシステムの帳票を元に処理しているが、システム的に接続されているわけではない。システム部門は、Aシステムの帳票を使って、RPAによる自動化が行われていることを知っているとも限らない。システム部門は、Aシステムを利用する他部門のニーズを踏まえて、帳票レイアウトを変更するかもしれない。内部監査人Uさんは、「帳票レイアウトが変更された場合でも、ロボットZに影響がないようになっているか？」、「帳票レイアウトの変更に対応してロボットZの記述を修正する必要がある場合、誰

がいつ、どのように修正／テストするのか？」を確認する必要がある。

　そもそも、このロボットＺは、Ａシステムからの帳票と手書き伝票ありき
で構築されている。もし、デジタル化の流れからＡシステムの帳票や手書
き伝票が廃止されたらロボットＺは動かなくなってしまう。内部監査人Ｕさ
んは、「事前にシステム部門と調整しているのか？」を確認する必要がある。

⑨　システム連携

　ロボットＺの目的は何か。それは、Ａシステムのデータや手書きのデータ
を加工して、Ｂシステムに連携することである。素直に考えれば、直接、デー
タ連携できるようにシステムを改修すればよいだけであって、ロボットＺ
は不要である。Ａシステムからの帳票や手書き伝票の廃止云々も気にする必
要はない。つまり、本来あるべき姿を検討せずに、自部門内だけでなんとか
しようとして何でもかんでもRPAで自動化する、というものではない。内
部監査人Ｕさんは、「システム全体を統括するシステム部門に対して、Ｂシ
ステムへ直接、データ連携するシステム改修を依頼しているか？」を確認す
る必要がある。ただし、システム部門は多くのバックログをかかえているの
で、すぐには対応できないこともある。例えば、半年先であれば対応可能と
回答があるかもしれない。その場合、半年間限定でロボットＺを動かせばよ
い。システム部門と調整することが大事である。

　RPAによる自動処理は、関連するシステムのWeb画面や表計算ソフトな
どとの整合を考慮しておくことが重要になる。画面応答時間とRPA処理時
間の差が考慮されていない場合も同様である。表面的にはエラーにならない
まま、誤った処理が続いているといった事態も想定される。さらに、何でも
かんでも自動化してしまうと、属人的な手作業のブラックボックス化など、
トラブル時に対処できないことにもなる。"みた目は自動化されている手作業"
である。また、システム出力帳票を前提とした自動化も、帳票のペーパーレ
ス化を阻害することにもなるので留意する必要がある。

このような点を踏まえ、RPAによる自動処理についてレビューポイントを挙げると、例えば、次のようなことが挙げられる。

- 本来はどうすべきであるのか、どうしてRPAを使わないとできないのかを検討しているか
- 自動化する処理の候補を精査しているか（業務分析、自動化対象の評価、有効性評価など）
- 自動化するにあたっての承認フローを定めているか
- 自動化する処理のオーナー、開発責任者、担当者、利用者などの管理体制は明確か
- 処理の正確性をテストで確認しているか
- 処理エラー時の対処を考慮しているか（処理継続可否、エラーデータ、戻し手順など）
- 自動処理の実行ログ、結果など、実行状況をモニタリングしているか
- ロボットや関連するシステムのアクセス制限など、セキュリティを確保しているか
- RPAで自動化しているロボットの一覧には、利用期限を明記して見直ししているか
- 自動化する処理のドキュメントを作成しているか（処理概要、フローチャート、入力・出力など）
- RPAの開発環境と実行環境を分離しているか
- RPA停止時の対応を整備しているか（体制、手順など）
- 導入したRPAツールがサポート切れになった場合の対応を検討しているか

コラム⑭

▶自動化の落とし穴

　20年以上前に出版されたジェームズ・リーズン著の『組織事故』の中に、次のような記述がある。

- ・自動化は、人間の仕事の容易な部分をとってしまい、難しい部分をさらに難しくしている。
- ・システム設計者は人間を信頼できない、非能率的なものとみている場合が多い。その一方で、設計者は自動化できない仕事を人間に負わせている。特に、予期しない故障が発生した時に、システムを安全な状態に移行させる仕事を人間に押しつけている。
- ・高度に自動化されたシステムにおける人間の仕事は、自動装置が設計どおりに作動していることを確認するだけである。このようなシステムでは、いくらモチベーションの高い人でも、長時間、監視を続けることは難しい。つまり、どのような人間であっても、極めてまれにしか起こらない異常を見つけ出すことは難しい。
- ・スキルを保持するためには、そのスキルを継続的に実践する必要がある。しかし、めったに故障することのない自動化システムは、緊急時に必要なスキルを人間が実践する機会を奪っている。その結果、人間はスキルを失い、過小評価された存在価値を正当化する能力さえ失ってしまうのである。
- ・最終的に自動化システムは、人間の訓練に膨大な費用がかかる仕事だけを残す。
  （出典：ジェームズ・リーズン『組織事故』（日科技連出版社、1999年4月）、
  　　　　P.64から引用）

RPAによる自動化を検討するうえでの留意点が挙げられていて、参考になる。

第6章 モニタリングとレビュー

第2章から第4章までを通じて、識別したリスクを踏まえたリスク対応の実効性評価について述べてきた。しかし、リスクは変化している。本章では、そのリスクの変化をもたらす外部環境や内部環境などの変化を把握するためのモニタリングと、環境変化に伴うリスクのレビューについて解説する。

本章の内容

▶ 内外環境の変化のモニタリング
▶ リスク先行事象のモニタリング
▶ リスクのレビュー

◆図表6-1 「モニタリングとレビュー」プロセス◆

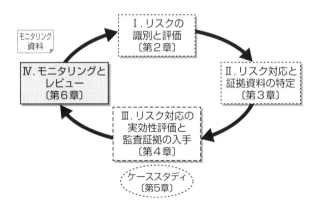

リスク視点からのモニタリング

　第2章において識別したリスクに変化がなければ、次回の監査では、前回と同様の監査項目を設定して実施することができる。しかし、リスクは常に変化している。目にみえてわかる変化もあれば、気がつかない間に変化していることもある。第4章で述べたように、リスクの変化に気づかずに従前と同じリスク対応のままでいると、変化したリスクにリスク対応が合わなくなり、実効性が低下してしまう。結果として、リスクの顕在化する可能性が高まっていき、ある日突然、重大な事故やシステム障害などのリスク事象として顕在化することになる。このようなリスク事象が発生すると、経営層から内部監査部門に対して、「なぜ、内部監査でこのような問題を事前に発見できなかったのか。内部監査で何をみているのか」などと言われることがある。読者のみなさんの中には、このような経験のある方もいるだろう。

　では、内部監査部門として何をすればよいのか。じっと待っていても内部監査部門には何の情報も入ってこないので、内部監査部門自らがリスクの変化に敏感になる必要がある。リスクが変化するには、それなりの要因がある。企業等を取り巻く環境が変われば、それに伴ってリスクは変化する。内外環境の変化を把握すること、つまり、モニタリングすることが、リスクの変化を把握するためには重要となる。一方で、リスクは変化していなくてもリスクが顕在化する場合がある。これは、リスク低減（発生頻度）が有効に機能していないことに大きな要因がある。顕在化したリスクがあれば、その状況や原因も把握しておく必要がある（図表6-2）。

◆図表6-2　リスク視点からのモニタリング◆

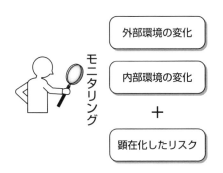

モニタリングとは、「観測・調査・分析すること。監視すること」（広辞苑）とある。また、英英辞典によれば、monitorとは、「to carefully watch and check a situation in order to see how it changes over a period of time」（LONGMAN 現代英英辞典）とある。モニタリングには、観察すること（watch）と点検すること（check）の２面の意味が含まれている。つまり、企業等を取り巻く環境を観察し、変化がないかどうかを点検することであり、顕在化したリスクを観察し、リスク対応の実効性を点検することと言える。

　内部監査部門が行うモニタリングには、日常的なモニタリングと独立的なモニタリングの２つがある。これは、内部統制のフレームワークとして有名なトレッドウェイ委員会支援組織委員会（COSO：Committee of Sponsoring Organizations of the Treadway Commission）が公表している「内部統制の統合的枠組み」（2013年５月14日改訂）における17原則のうち、次の原則16を内部監査部門の視点から対応させたものである。

原則16
組織は、内部統制の構成要素が存在し、機能していることを確かめるため、日常的評価および／または独立的評価を選択し、整備および運用する。

　独立的なモニタリングは、監査の実施、つまり、リスク対応の実効性評価

第6章　モニタリングとレビュー

そのものであり、第4章が主に該当する部分になる。次節以降では、内部監査部門としての日常的なモニタリングについて解説する（図表6-3）。

◆図表6-3　内部監査部門としてのモニタリング◆

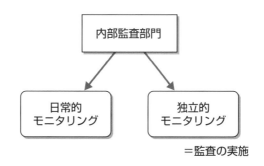

ここがポイント！

● 内外環境の変化に敏感になる
● リスクの顕在化は、リスク対応が有効に機能しなくなった証

② 内外環境の変化のモニタリング

（1）外部環境のモニタリング

　リスクの変化に最も影響を及ぼすのが、外部環境の変化である。外部環境は、マクロ環境とミクロ環境に大きく分けられる。自然環境や経済環境、人口動向、法律・規制などはマクロ環境であり、株主、製品・商品の取引先や購入者、部品の調達先、競合他社、あるいは提供するサービスの利用者などは、ミクロ環境の例である（図表6-4）。

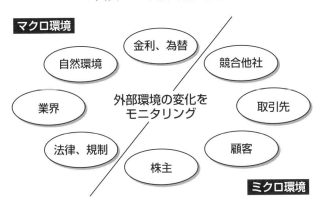

◆図表6-4　外部環境（例）◆

マクロ環境

金利、為替

自然環境

競合他社

業界

外部環境の変化を
モニタリング

取引先

法律、規制

顧客

株主

ミクロ環境

　外部環境が変化すると、考えていたリスクが変わったり、想定外のリスクが生じたりする可能性がある。しかし、外部環境の変化を自組織でコントロールすることは難しいので、しっかりとモニタリングすることが重要になる。例えば、法令で定められた規制値がより厳しく改定される場合、今までのリスク対応では法令違反になってしまうかもしれないので、関連法令の動向をモニタリングしておく必要がある。外部環境のモニタリング方法としては、例えば、新聞や業界紙、インターネット、官公庁からの公表、決算発表などから情報を収集する。また、企業等において不祥事があった場合には、第三者委員会による調査が行われることがある。公表される調査報告書には、顕在化したリスクの原因が詳細に分析されている。監査人には参考になることが多く記述されているので、ぜひ、目を通してほしい。

（2）内部環境のモニタリング

　経営戦略は、内部環境の中で最も重要な環境の１つである。戦略が変われば、業務・サービスは変わってくる。そうすれば、組織も見直されるし、関連する情報システムも変わってくる。当然、リスクも変わる。前出のチャンドラーの命題を借りて言えば、「リスクは戦略に従う」である。内部環境には、

図表6-5に示すような例が挙げられる。内部環境のモニタリング対象としては、例えば、組織変更や人事異動、規程などの改正、決算情報、経営会議などの会議体、稟議、社外向けホームページなどから情報を収集する。

◆図表6-5　内部環境（例）◆

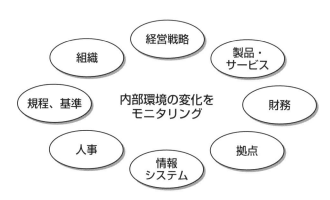

▶**外部環境分析のフレームワーク**

■**PEST分析**

　外部環境のうち、経営戦略策定や事業計画立案、市場調査におけるマクロ環境を分析するフレームワーク。次の4つの視点から分析する。

・**政治的要因（Politics）**

　　政界動向、法規制、施策、外交など

・**経済的要因（Economics）**

　　為替や金利、株価、貿易収支、全国・地域レベルでの景気、物価、個人消費、失業率、産業構造など

・**社会的要因（Society）**

　　人口動態、出生率、流行、ライフスタイル、地域文化など

・**技術的要因（Technology）**

　　技術革新、特許、政府補助金など

■**Five Forces分析**

　マイケル・E・ポーター（Michael E. Porter）が提唱した業界内の競争を左右

する 5 つの競争要因を分析するフレームワーク。

- **業界内の敵対関係**：自社と競合他社との競争
- **売り手の交渉力** ：自社と仕入先の競争
- **買い手の交渉力** ：自社と顧客の競争
- **新規参入の脅威** ：自社と新規参入者の競争
- **代替製品・サービスの脅威**：自社製品と代替製品の競争

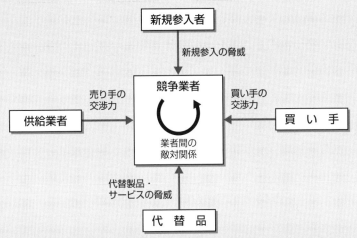

出所：M.E.ポーター『新訂　競争の戦略』ダイヤモンド社、1995年、18頁に基づき、筆者作成。

■SWOT分析

内部環境と外部環境を評価するフレームワーク。

- **強み（Strengths）**
  自社の強み。目標を達成する上での競合他社に対する優位性
- **弱み（Weaknesses）**
  自社の弱みや課題。目標を達成する上での競合他社に対する劣位性
- **機会（Opportunities）**
  目標達成に向けてのプラス要因
- **脅威（Threats）**
  目標達成に向けてのマイナス要因

3 リスク先行事象のモニタリング

　リスクが変化すれば、それに応じてリスク対応の見直しが必要になる。見直しを怠ると、リスク対応の陳腐化や形骸化などによって、リスクが顕在化する可能性は高まっていく。しかし、すぐにリスクが顕在化するとは限らない。むしろ、すぐに顕在化することのほうが少ない。〈コラム①　ハインリッヒの法則〉に従えば、リスクが顕在化する前にヒヤリハット事象が多く発生している。このヒヤリハット事象を捕捉することによって、リスクの変化を早くキャッチできる（図表6-6）。また、影響の軽微なリスク事象についても、把握しておく必要がある。本節末の〈コラム⑯　割れ窓理論〉で例えると、窓ガラスが少し割れたり、ヒビが入ったりしたことを捕捉することである。

◆図表6-6　ヒヤリハット事象を捕捉する◆

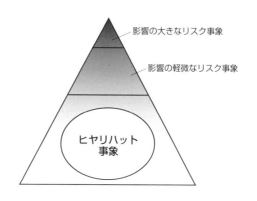

　さらに、通常とは違うような事象もモニタリングしておく必要がある。リスク対応の前提となる条件を外れる状況になれば、リスクが顕在化する可能性が高まる。このヒヤリハット事象や影響の軽微なリスク事象、通常とは違うような事象をまとめて「リスク先行事象」と呼ぶことにする。

> リスク先行事象：ヒヤリハット事象や影響の軽微なリスク事象、通常とは
> 違うような事象

　では、通常とは違うような事象には、どのようなことがあるだろうか。A
社の場合で考えてみよう。製品を生産するために必要な経営資源には、例え
ば、次のようなものが挙げられる。

- ・**ヒト**：製品を製造する労働者、製造の一部を委託する外部委託業者
- ・**モノ**：部品のもとになる原材料、製品の一部を構成する調達部品、製
  造する工場、製造ラインを制御する生産管理システム
- ・**カネ**：労働者に支払う賃金、外部委託業者に支払う委託費用、調達す
  る原材料費用や部品費用、工場の稼動に必要な電気・水道など
  の使用料金
- ・**情報**：製品情報、部品情報、受注情報、出荷情報

　モニタリングでは、これらの変化を捕捉する。ここで挙げたものは一例で
あり、モニタリングすべき候補はほかにもたくさん考えられる。しかし、内
部監査部門がモニタリングできる範囲には限界があるので、重要度の高いリ
スクに関わるものに集中して、モニタリングすべき種類や範囲、モニタリン
グのタイミングなどを決めるとよい。その検討するポイントとしては、例え
ば、次のようなことが挙げられる。

- ・組織の主要な業務・サービスや情報システムである
- ・業務プロセスが複雑である
- ・業務・サービスや情報システムなどに大幅な変更がある
- ・大きな事故が発生している、または事故が頻発している

第6章　モニタリングとレビュー

179

このようにして、モニタリングで得られたリスク先行事象は、関連するリスク、その事象を放置することで想定される影響などを記録しておくとよい（図表6-7）。

◆図表6-7　リスク先行事象のモニタリング記録◆

カテゴリー	リスク先行事象	関連するリスク	想定される影響

　これらのモニタリングによって、内外環境の変化やリスク先行事象を捉え、リスクの見直しが必要かどうかを評価する（図表6-8）。

◆図表6-8　リスク先行事象のモニタリング◆

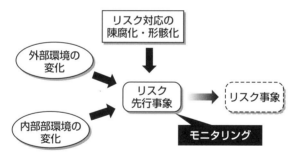

ここがポイント！
- ●リスク先行事象を見逃すな

コラム⑯

▶割れ窓理論

　割れ窓理論とは、環境犯罪学上の理論である。治安が悪化するまでには、次のような経過をたどる。

① 窓が壊れている建物を放置しておくと、誰も関心を払っていないというサインとなって、犯罪を起こしやすい環境をつくり出す。
② 落書きやゴミのポイ捨てなどの軽犯罪が起きるようになる。
③ 住民のモラルが低下して、地域の安全確保などに協力しなくなり、さらに環境を悪化させる。
④ 凶悪犯罪を含めた犯罪が多発するようになる。

　犯罪発生というリスク事象の前に、"窓が壊れている"というリスク先行事象があると言える。窓が割れたらすぐに修理したり、ゴミがないように清掃したり、窓が割れていないかをパトロールで監視したりして、よい環境を維持することが重要になる。

4 リスクのレビュー

　第2節で述べたように、外部環境や内部環境に変化があれば、リスクが変わっている可能性がある。特に、大きな環境変化があった場合には、現行のリスク対応では、発生頻度や影響度の低減に全く効果がないおそれもある。内部監査部門は、日常的なモニタリングによる結果を踏まえて、リスクをレビューすることが重要になる。

　リスクをレビューするということは、当然、そのリスク要因やリスク対応を見直すことになる。また、第2章で説明したように、リスクは連鎖しているので、リスクを見直した場合には、そのリスクと関連のあるリスクについても見直す必要がある。見直しの結果によっては、リスクの重要度を踏まえて、監査計画を変更する必要もある。

　これらのモニタリングとリスクのレビューについては、図表6-9に示して

いるように、第１章で提示したリスク構造・対応モデルにすでに組み込んでいる。

◆図表6-9　リスク構造・対応モデル（モニタリングとレビュー）◆

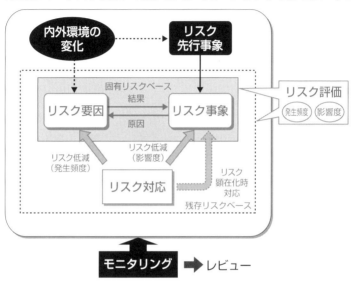

　図表6-9では、モニタリング対象として、リスク要因やリスク対応、リスク評価も含んでいる。本書でこれまで述べてきたことは、内部監査部門がリスクの識別からリスク対応を特定し、実効性を評価することを前提としてきた。しかし、本来であれば、内部監査部門は、独立的なモニタリングとして、リスクの識別やリスク対応の整備、実施、見直しなどが適切であるかどうかを評価する立場であるべきである（図表6-10）。そこで、最終章では、リスクマネジメントの実効性をさらに高めるためのポイントを解説する。

◆図表6-10　リスクマネジメント全体の実効性を評価◆

リスクの識別と評価

リスク対応と
証拠資料の特定

リスク対応の実効性
評価と監査証拠の入手

モニタリングと
レビュー

実効性評価

固有リスクの
識別と評価

リスク対応の整備と
残存リスクの評価

リスク対応の実施

リスク対応の
点検と見直し

モニタリングと
レビュー

第6章　モニタリングとレビュー

183

第7章 リスクマネジメントの実効性をさらに高めるために

ここまでの各章で述べてきたことは、内部監査部門が主体となって、リスクを識別し、特定した個々のリスク対応の実効性を評価して、不十分であると判断したリスク対応について、改善を促すプロセスである。しかし、個々のリスク対応の改善の積み重ねが、組織全体のリスクマネジメントの実効性を高めることと等しいわけではない。

本章では、リスクマネジメントの実効性をさらに高めるために、組織的なリスクマネジメントと内部監査の関わりについて、また、リスクマネジメントを補完する「レジリエンス」について解説する。

本章の内容

- ▶ リスクマネジメントの2タイプ
- ▶ 組織的なリスクマネジメントにおける内部監査部門の役割
- ▶ リスクマネジメントを補完するレジリエントな組織

リスクマネジメントの2つのタイプ

（1）リスク所管部門によるリスクマネジメント

　企業等では、各業務執行部門がそれぞれ関わりのある業務・サービスや情報システムなどに対して、リスクを低減するなどの対応を日常的に行っている。しかし、業務執行部門がそれぞれの判断でリスク対応すると、組織全体からみて抜け漏れが生じていたり、重複によって効率が悪くなっていたりする可能性がある。また、すでにリスク対応を行っているからリスクはない、つまり、残存リスクはゼロであると判断し、リスク対応はいつも有効で継続して機能していると油断してしまう傾向にある。同じリスクに対して業務執行部門間で異なるリスク対応になったりすることもある。そこで、これらのリスクを管理し、統制するリスクマネジメントが必要になる。

　リスクマネジメントの1つ目のタイプには、第2章で挙げたようなリスク分類毎にリスクを所管し、業務執行部門を管理・統制する部門（以下、「リスク所管部門」と言う）が主導するリスクマネジメントがある（図表7-1）。

◆図表7-1　リスク所管部門主導のリスクマネジメント（例）◆

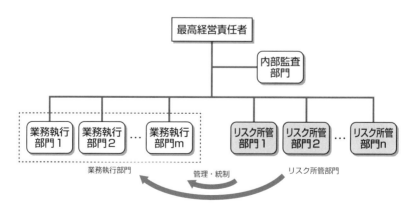

本社部門、管理部門などと呼ばれる部門は、業務として所管するリスクを低減するなどの対応を行っていることが多いので、業務執行部門であり、かつ、リスク所管部門である（図表7-2）。例えば、製品の品質に関わるリスクについては品質管理部門、労働環境に関わるリスクについては人事部門がそれぞれリスク所管部門になる。

◆図表7-2　リスク所管部門（例）◆

リスク分類	リスク所管部門
品質リスク	品質管理部門
事務リスク	業務管理部門
システムリスク	システム部門
コンプライアンスリスク	法務部門
情報セキュリティリスク	業務管理部門
人事労務リスク	人事部門
市場リスク	財務部門
信用リスク	財務部門
流動性リスク	財務部門
事業継続リスク	経営企画部門
レピュテーショナルリスク	広報部門
カントリーリスク	経営企画部門

リスク所管部門には、所管するリスクに関わる情報を把握し、業務執行部門に対してリスク対応を働きかけ、推進する役割がある。しかし、各リスク所管部門が業務執行部門に個別に指示などを行うと、業務執行部門はそれぞれの対応に追われてしまい、業務に影響も出てくる。いわゆる"縦割り"の管理・統制である。そこで必要になるのが、組織的にリスクを横串で管理して、組織全体を統括する部門である。

（2）組織的なリスクマネジメント

各リスク所管部門が所管するリスクは、それぞれが独立したものではない。第1章で触れたように、「リスクの連鎖」による関係がある。2つ目のタイ

プは、リスク全体を組織的（全社的）に管理し、統括するリスクマネジメントである。全社的リスクマネジメント（ERM：Enterprise Risk Management）とも呼ばれている。リスクの識別・評価から始まり、リスク対応の整備、実施と点検、改善に向けた見直しまでを組織的に取り組むマネジメントシステムである。そこで、全社的な視点からリスクを横串でみる役割を担う部門（以下、「リスクマネジメント部門」と言う）が設置される（図表7-3）。経営層がリスクマネジメントに直接、関与することから、例えば、「リスクマネジメント委員会」と呼ばれるような、経営会議と同等の会議体あるいは委員会が設置されることも多い。全社的な観点から重要なリスクに対して経営資源を投入できるので、より効果的なリスク対応ができるようになる。どのリスクをどのリスク所管部門が管理、統制するかは、企業等によって異なる。例えば、「リスクマネジメント規程」というような規程が定められ、リスクの定義、リスクマネジメント部門とリスク所管部門、リスクマネジメントの内容などが規定される。

◆図表7-3　組織的なリスクマネジメント（例)◆

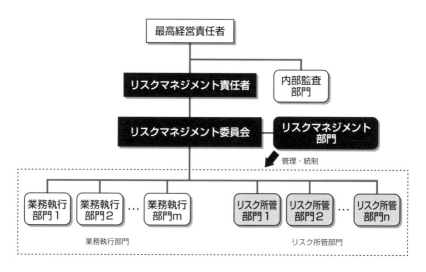

リスクマネジメント部門の主な役割は、図表7-4のような全社レベルのリスクマネジメントの統括である。具体的には、業務執行部門によるリスクマネジメントの推進、各リスク所管部門との連携、そして、内部監査部門との連携である。特に重要な役割は、業務執行部門が主体的にリスクを低減するなど、継続して取り組むことができるように推進することである。そのためには、どのようにリスクと対峙し、どのようにリスクを管理すればよいかなどを啓発していかなければならない。業務執行部門に対して、「さあ、リスクマネジメントを好きなようにやってください」と言っても、リスクは低減されない。リスクマネジメントの必要性を繰り返し説明する努力が必要である。

　また、リスクを管理しやすい仕組みを整備することも重要になる。例えば、本書で提示しているワークシートなどのフォーマットを用意するなどである。はじめから、リスクマネジメントの仕組みをシステム化しないほうがよい。リスクマネジメントの方法や内容が、まだ固まっていない状態だからである。最初は、表計算ソフトのスプレッドシートなどで構わない。試行錯誤を繰り返す中から、組織にあったリスクマネジメントの形がみえてくる。システム化は、その後でも十分である。

　なお、組織的リスクマネジメントの代表的なフレームワークとしては、前出のトレッドウェイ委員会支援組織委員会（COSO）が発表した「COSO-

◆図表7-4　リスクマネジメント部門の役割◆

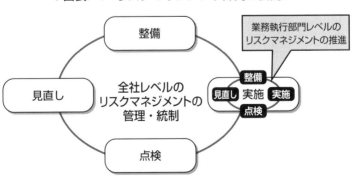

ERM」がある。本書の主題はERMを解説することではないので、詳しい内容は他の文献を参照してほしい。

組織的なリスクマネジメントにおける内部監査部門の役割

（1）リスクマネジメント部門、リスク所管部門との連携

　組織的なリスクマネジメントを効果的かつ効率よく行うには、内部監査部門、リスクマネジメント部門およびリスク所管部門の役割分担が重要になる（図表7-5）。第2のディフェンスラインであるリスク所管部門は、所管するリスクについて業務執行部門を管理・統制する役割がある。リスクマネジメント部門は、すべてのリスクを組織的な観点から管理・統制し、リスク所管部門間の調整を図り、組織的に統括する。そして、第3のディフェンスライ

◆図表7-5　組織的なリスクマネジメントの役割分担◆

```
                    ┌─────────────────┐
                    │ リスクマネジメント  │
                    │      委員会       │
                    └─────────────────┘                    全リスク
  リスク対応                           所管リスク           管理・統制
                                       管理・統制
 業 業        業    リスク所管部門1      リ
 務 務        務                        ス
 執 執        執    リスク所管部門2      ク
 行 行  …    行                        マ
 部 部        部    ：                  ネ
 門 門        門    リスク所管部門n      ジ
 1  2        m                        メ
                                       ン
                                       ト
                                       部
                                       門
第1のディフェンスライン    リスクマネジメント        第2のディフェンスライン
                          実効性評価
                    ┌─────────────┐
                    │  内部監査部門   │
                    └─────────────┘
                              第3のディフェンスライン
```

ンである内部監査部門は、組織的（全社的）なリスクマネジメントの実効性について評価する。

　ここで注意しておくべきことは、内部監査部門とリスク所管部門、リスクマネジメント部門との連携である。読者のみなさんの中には、内部監査部門には独立性が求められるから、リスクマネジメント部門やリスク所管部門とは別々に業務を行うべきだと思われる方もいるだろう。もちろん、内部監査部門の独立性は必要である。しかし、内部監査の目的は、"企業等を良くすること"である。その主役は、他でもない業務執行部門である。リスク視点からの内部監査では、内部監査部門とリスクマネジメント部門、リスク所管部門が連携できるかどうかが、組織的なリスクマネジメントの実効性を高める重要なポイントになる。

　内部監査部門がリスクマネジメント部門およびリスク所管部門と連携するには、例えば、それぞれの部門が蓄積してきたリスク関連情報の共有が挙げられる。リスク関連情報としては、これまでに提示してきた業務・サービス一覧表やリスク評価一覧表、実効性評価結果などの情報がある（図表7-6）。

◆**図表7-6　リスク関連情報の共有**◆

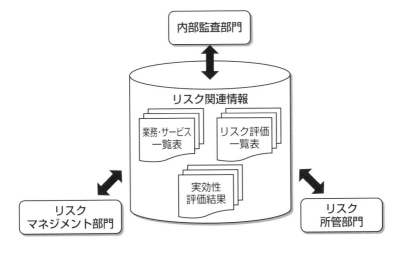

これらのリスク関連情報は、内部監査部門やリスク所管部門によるモニタリングを通じて収集し、蓄積してきたものである。リスク所管部門は、所管するリスクに関して、内部監査部門よりも業務執行部門とより多く接しているので、詳細なリスク関連情報を把握して、これらの情報の精度を高めることが"できるはず"である。ここでは、あえて"できるはず"と書いた。リスク所管部門と言っても、業務として行っているだけで、リスクを管理し、統制するという意識は薄いかもしれない。このような場合、当該リスク所管部門に対して、最初からリスク関連情報の精度を高めることを求めるのは難しい。そのような場合には、本書の第2章と第3章の内容を、まず、理解してもらうことから始めるとよい。

（2）組織的なリスクマネジメントの実効性を評価

　組織的なリスクマネジメントにおける内部監査部門の重要な役割は、リスクマネジメント全体の実効性を評価することである。当然、リスク所管部門もリスクマネジメント部門も監査対象である。

　リスクマネジメント全体の実効性については、主に次の4つを評価する。

① 固有リスクの評価

　まず、業務執行部門がどのような事象を固有リスクとして捉え、その原因となるリスク要因を識別しているかどうかを評価する。また、組織的に整合性のあるリスク評価になるよう、リスク所管部門やリスクマネジメント部門がどのように調整し、推進しているかも確かめる必要がある。

　ここでは、第1章でも述べたように、あくまで固有リスクをベースに考えることに留意する。すでにリスク対応を実施しているからリスクはないとして、残存リスクベースで考えていると、重大なリスクが挙がってこない可能性があるので注意して評価する必要がある。

② リスク対応の整備と残存リスクの評価

2つ目は、識別されたリスクに応じたリスク対応が整備されているかどうかを評価する。リスク低減（発生頻度）になっているか、リスクが顕在化することを想定したリスク顕在化時対応を具体的に整備しているかなどである。また、リスク対応を実施することによって、リスクがどの程度、低減されるのか、すなわち、残存リスクをどのように評価しているかについても確かめる必要がある。

③ リスク対応の評価

3つ目となるリスク対応の実効性を評価する部分は、第4章で述べてきた。評価ポイントの詳細は、第4章を参照してほしい。

④ リスク対応の点検と見直しの評価

最後は、リスク対応の点検と見直しを評価する。リスクは変化しているので、リスク対応が有効かつ継続して機能しているかどうかを業務執行部門やリスク所管部門、リスクマネジメント部門が点検し、必要に応じた見直しをしているかどうかを評価する。

以上をまとめると、組織的なリスクマネジメントの実効性を評価する全体像は、図表7-7に示すようになる。

◆図表7-7　組織的なリスクマネジメントの実効性を評価◆

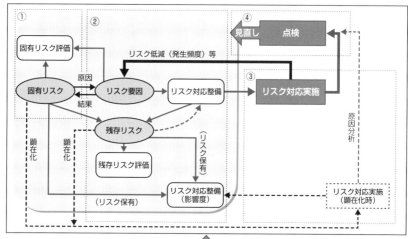

ここがポイント！

●リスク所管部門、リスクマネジメント部門との連携により、リスク関連情報の精度を高める
●組織的なリスクマネジメントの実効性を評価する

リスクマネジメントを補完するレジリエントな組織

(1)「Find and Fix」の限界

　ここまでみてきたように、"リスク視点"は、業務・サービスや情報システムなどに関わるリスクに焦点を当て、リスク事象とリスク要因、すなわち、結果と原因という線形的な推論に基づいて構築している。そして、内部監査では、リスク事象として顕在化しないように、あるいは、顕在化した場合でも影響をできる限り小さくするように、あるべきリスク対応（WAI：Work as Imagined）を特定し、実際に行っているリスク対応（WAD：Work as Done）に不備や欠陥などがないかどうか、有効かつ継続して機能しているかどうかを確かめて、実効性を評価する。もし、リスク対応が不十分であると内部監査人が判断すれば、監査対象部門に対して指摘し、改善を求めることになる。このみつけて直すという「Find and Fix」アプローチは、指摘に対して改善するという事後的な対応を積み重ねることによって、業務・サービスや情報システムなどはよくなっていく（安全になる、安定する、安心になる）という考え方を前提にしている。もちろん、このアプローチは必要である。しかしその一方で、企業等は次のような状況にあることに注意しなければならない。

・企業等を取り巻く外部環境、内部環境は常に変化し続けている
・企業等は不完全な情報しか得られていない状態の中、限定合理性の範囲内で、重要な意思決定をすることが普通である
・企業等の目的は安全などの完全性ではなく、変化する条件下での業務・サービスや情報システムなどを継続することである
・企業等は利益や効率の追求が要求される結果、完全性が削られることが多い

このように不安定な状況下では、一度、改善したからと言ってもその効果がずっと続くとは限らない。むしろ、続かないと言うべきである。また、第5章のケース4で検討したように、手作業による事務ミスを改善するために自動化するという改善策が必ずしもうまくいくわけではない。状況次第では、手作業のほうが臨機応変に対処できる場合もある。つまり、"手作業を自動化する"というリスク対応が必ずしも最善のリスク対応とは限らない。リスク対応の不備や欠陥などをみつけて、その改善を図るという「Find and Fix」だけで実効性を高めるには限界があるということである（図表7-8）。

◆図表7-8　「Find and Fix」の限界◆

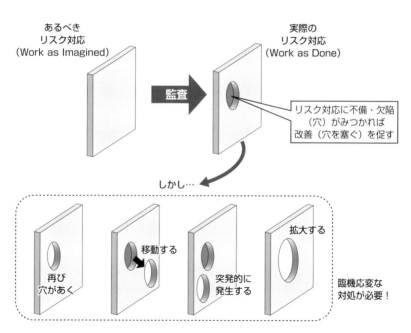

実務上、時間や人などのリソースに制約がある状況では、例えば、手順や作業の順番を入れ替えたり、スキップしたりするなど、許容される範囲内で

ルール・手順などを解釈、補正して、効率性と完全性とのバランスを図りながら柔軟に対応していることが多い。また、許容される範囲を超えるような状況（リスク事象）が想定されれば、やり方を工夫して、失敗しない（それ以上、状態を悪くしない）ようになんとか対処する。このような状況を踏まえると、リスクマネジメントの実効性をさらに高めるためには、リスク事象に焦点を当てるだけではなく、"臨機応変に対処し、適応する"という視点が求められる。これが次節で解説する「レジリエンス」である。

コラム⑰

▶ Safety-ⅠからSafety-Ⅱへ

　「安全」とは何か。この問いからスタートしたのが、エリック・ホルナゲル教授が提唱する「Safety-Ⅱ」の考え方である。「安全とは、望ましくないこと（事故、失敗、エラー、ミスなど）が可能な限り少ない状態」と言われることが多い。これが安全の1つ目の定義であり、ホルナゲル教授は「Safety-Ⅰ」と呼んでいる。この定義によれば、安全とは「安全でないことがないこと」という間接的な表現になる。工場などでよくみかける"無事故〇〇日達成"という掲示は、この例である。Safety-Ⅰの考えに基づくと、安全を高めるためには、望ましくないこと、うまくいかないことが起きる原因をみつけて修正し、改善していくアプローチ（Find and Fix）になる。しかし、望ましくないこと、うまくいかないことの発生する頻度は少ないし、発生しなければ、改善することがなく、それ以上に安全を高めることはできない。

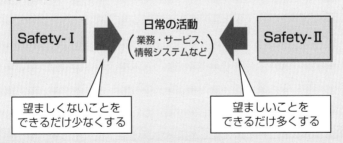

　一方、日常の中で大多数である"うまくいっていること"に注目するのが安全の2つ目の定義である。つまり、「安全とは、日々の活動が望ましい許容できる範囲内に収まることができるだけ多い状態」と定義する。これが「Safety-Ⅱ」である。うまくいくようにどのように調整して対処し、適応しているのか、というア

プローチである。この定義と似ている用語に"健康"がある。世界保健機関（WHO）憲章の中で、「健康とは、病気でないとか、弱っていないということではなく、肉体的にも、精神的にも、そして社会的にも、すべてが満たされた状態にあることをいう。」（日本WHO協会訳）と定義している。Safety-Ⅱの定義は、この健康と同様に、安全を「ないこと」ではなく、「あること」として言い換えている。

ここがポイント！ 👆

● 企業等は内外環境が変化する不安定な状況下で意思決定をしている

● リスク対応の不備や欠陥などをみつけて改善する「Find and Fix」だけでは限界がある

（2）リスク視点を補完する「レジリエンス」

レジリエンスとは、一般に"回復力"とか"復元力"などと言われているが、整理すると次の3つの要素がある。

Ⅰ．望ましくないことが起きないようにする

Ⅱ．望ましくないことが許容できる範囲内に収まるようにする

Ⅲ．起こってしまった望ましくないことから可能な限り早く回復し、復旧する

〈コラム⑰　Safety-ⅠからSafety-Ⅱへ〉で触れた「Safety-Ⅱ」を提唱しているホルナゲル教授は、レジリエンスを次のように定義している。

「予期されたもしくは予期されていない条件下において要求された動作を維持できるために、変化や外乱の前、最中、後に、その機能を調整する固有の能力」

そして、レジリエントな組織に求められるコア能力として、対処する能力、

監視する能力、学習する能力、予見する能力の４つを挙げている（図表7-9）。この４つの能力をリスクマネジメントの実効性を高める観点から整理すると、次のようになる。

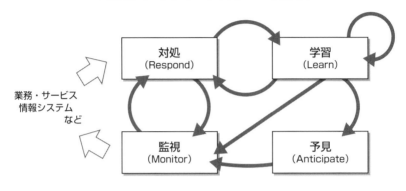

◆図表7-9　レジリエンスの４つの能力◆

① 対処する能力

　業務・サービスや情報システムなどには、日常の状態を妨げたり、中断したりするような状況の変化、あるいは突発的なできごとなど、望ましくないことが発生する。「対処する能力」とは、このような、今まさに生じている例外的な変化や外乱（摂動）などの事象に対して、何をすべきか知っていて、あらかじめ準備していた行動をとったり、新たな方策を創造して臨機応変に対処したりできることである。

　このような対処が求められる状況では、通常のルールや手順に則っていたのでは対応できないことが多い。そうすると、準拠性の観点から指摘事項になる可能性が高い。しかし、レジリエンスの視点からみれば、どのようにして、うまく対処できたのかを知ることにポイントがある。よく言われる"ヒヤリハット"も、その対象に含まれる。ルールや手順に則っていなかったからと短絡的に指摘事項とするのではなく、うまく対処できたことを組織として今後に活かせるようにするにはどうすればよいかという観点から、提言す

るのが望ましい。

② 監視する能力

「監視する能力」は、対処する能力を高めるために必須の能力である。監視しなければ、望ましくないことが起きるたびに右往左往しながら対処することになってしまう。また、対処の準備がある程度できていたとしても、対処すべき事象の発生が予期できなければ、対応が遅くなってしまい、影響が広がってしまう。逆に、あまりに早く対処しても時期尚早となり、効果が出ず、効率もよくない。「監視する能力」とは、業務・サービスや情報システムなどの内外で何が起こっているのか、何をみるべきかを知っていることであり、近い将来に影響を与える可能性があるかどうかを評価できることである。監視するためには、次の"3つ指標"を用いて解釈し、評価する。

遅行指標：すでに起きたこと、過去の状態に関するものであって、過去に測定されたデータ、および分析されたもの

現在指標：現在起こっていること、現在の状態に関するものであって、ほぼリアルタイムに測定されるデータ、および分析されたもの

先行指標：これから起きうること、将来に起きる可能性のある状態に関するものであって、過去および現在の測定結果をもとに予測されたもの

第4章で説明したリスク低減（影響度）における"監視"は、ここでいう監視に該当する。また、〈コラム⑧　フレーム問題〉で取り上げた"正常稼働監視"は、情報システムの状態を遅行指標と現在指標から評価し、現時点で正常かどうかを判断することである。

③ 学習する能力

対処と監視だけでは、実効性は高まらない。「学習する能力」とは、業務・サービスや情報システムなどで日々発生する望ましくない状況に対して、どのように対処し、監視するか、また、どのように学習を変化させるかを、能動的かつ意図的に修正し、改善する能力である。では、何から学習すればよいだろうか。リスク視点からは、リスクが顕在化した事象から学習し、リスク対応を見直すことになる。しかし、リスク顕在化の頻度は少なく、顕在化しなければ何も学習できない。一方、うまくいったことのほうが圧倒的に頻度は多い。なぜ、うまくいったのかを学習することで、リスク視点を補完することができる。

④ 予見する能力

最後の「予見する能力」とは、潜在的な混乱の可能性や新たな要求や制約の発生、条件の変化などを推察できることである。予見することと監視することは似ているようであるが、監視が内外で起こっていることに注視するのに対して、予見は将来起こるかもしれないことを想像することである。例えば、企業等を取り巻く環境変化、業界の動向などからリスクを明示的に予測・識別し、中長期経営計画などにリスク対応を反映しているようなことが挙げられる。

また、何をしたいか、何を前提にするか、何が制約となるか、どの時点の将来かなどによって、予見する内容は違ってくる。むやみやたらに予見しても混乱してしまう。予見するためには、学習からのアウトプットとなる"教訓"が必要になる。そして、予見したことは、監視のインプットになる。

これらのレジリエンスの4つの能力を踏まえて、リスクマネジメントの観点からレジリエントな組織を定義すると、次のようになる。

> 「レジリエントな組織とは、変化するリスクに対して堅牢性と柔軟性を
> もつ"しなやかさ"のある組織能力のことである。」

　リスクマネジメントの内部監査は、リスク対応の不備や欠陥などをみつけるだけではなく、うまく機能しているリスク対応をみて、"しなやかさ"のある組織としての能力や仕組みがあるか、つまり、レジリエントな組織であるかどうかを評価することで、さらに実効性を高めることができる。

ここがポイント！

- ●うまく機能するようにしているリスク対応をみる
- ●"しなやかさ"のある組織能力があるかどうかを評価する

4 　最後に

　2020年初からの新型コロナウイルス感染症はパンデミックとなり、リスクの連鎖によって全世界レベルで企業等から個々人に至るまで、甚大な影響を及ぼした。このようなリスク事象までを想定していた企業等は多くないと思う。その中で、いち早く、テレワーク体制に移行した企業も少なからずあった。リスク顕在化に素早く反応して、臨機応変に対処し、業務を継続するという実効性のあるリスクマネジメントに従前から取り組んでいた事例と言える。一方で、テレワーク急増などに伴うシステム障害により、サービスを利用している企業等の業務が滞る事案も発生した。また、テレワークによる労務上、情報セキュリティ上などのリスクも出てきた。リスク対応が新たなリスクを生む例である。新型コロナウイルス感染症を契機に、企業等のデジタル化は加速されるので、デジタル化に伴うリスクを予見して、対応していく

必要がある。

　リスク視点からの内部監査は、決して、重箱の隅をつつくようなものであってはならない。不備や欠陥などの指摘を通じて改善を図るだけではなく、その裏側に潜む本質的な問題（真因）を浮かび上がらせて、早い段階でリスクの顕在化を防ぐ必要がある。そして、どのようにすればうまくいくのかというSafety-Ⅱの観点から、リスクに対する抵抗力（堅牢性と柔軟性）を最大化して、状況の変化に適応しつつ、目的を達成する能力を維持することができる『**リスクに強く、レジリエントな組織**』にしていくことにある（図表7-10）。内部監査には、将来に向けた提言をする中心的な役割が求められている。

◆図表7-10　実効性のある内部監査◆

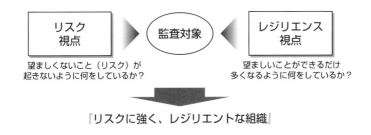

【最後に一言】
　リスク視点からの内部監査では、
　　　・どのようなリスク事象とリスク要因が考えられるか
　　　・リスクを低減するためのリスク対応は何か
　　　・リスクが顕在化した場合のリスク対応は何か
　　　・リスク対応は機能しているか
　　　・リスク対応に例外はないか
　　　・リスク対応自体は本当に有効なのか
　などを意識するとともに、
　　　・リスクが顕在化しないようにうまくいくためには、どのように調
　　　　整して臨機応変に対処し、適応していけばよいのか
　というレジリエンスの視点も加えて実効性を評価することがポイント！

参考文献

・アメリカ監査学会、青木茂男監訳、鳥羽至英訳『基礎的監査概念』国元書房、1982年。
・石原俊彦『リスク・アプローチ監査論』中央経済社、1998年。
・岡本浩一・今野裕之『リスクマネジメントの心理学』新曜社、2003年。
・神林比洋雄『内部統制とERM』かんき出版、2008年。
・経営法友会 法務ガイドブック等作成委員会『事例から学ぶ企業の法的リスク』商事法務、2008年。
・経済産業省経済産業政策局産業資金課編『先進企業から学ぶ事業リスクマネジメント 実践テキスト』経済産業調査会、2005年。
・経済産業省「情報システムの信頼性向上に関するガイドライン［第2版］」2009年3月。
・経済産業省「消費生活用製品向けリスクアセスメントのハンドブック［第一版］」2010年。
・経済産業省「リスクアセスメント・ハンドブック［実務編］」2011年。
・五井孝・稲垣隆一『プライバシーマークのためのJIS Q 15001の読み方』日科技連出版社、2006年。
・公正取引委員会・中小企業庁「下請取引適正化推進講習会テキスト」2013年11月。
・島田裕次『リスク図による情報セキュリティ監査の実践』同文舘出版、2006年。
・島田裕次・榎木千昭・澤田智輝・内山公雄・五井孝『ISO 27001規格要求事項の解説とその実務』日科技連出版社、2006年。
・島田裕次編著、清水京子・村田一『内部監査人の実務テキスト［基礎知識編］』日科技連出版社、2009年。
・島田裕次編著、宇佐美豊・北村秀二・宮下正博・関本滋夫・芳野政巳・大内功『内部監査人の実務テキスト［業務知識編］』日科技連出版社、2009年。
・島田裕次『よくわかるシステム監査の実務解説』同文舘出版、2012年。
・情報システムコントロール協会編『COBIT 2019 フレームワーク』、2019年。
・アンドリュー・ゾッリ、アン・マリー・ヒーリー、須川綾子訳『レジリエンス 復活力』ダイヤモンド社、2013年。
・ポール・J・ソベル、森田克之・荻原春一訳『監査人のためのリスクマネジメントガイド』中央経済社、2007年。
・シドニー・デッカー、芳賀繁監訳『ヒューマンエラーは裁けるか』東京大学出版会、2009年。
・東京電力福島原子力発電所における事故調査・検証委員会「最終報告」2012年。
・鳥羽至英『監査証拠論』国元書房、1983年。
・鳥羽至英『監査基準の基礎［第2版］』白桃書房、1994年。

- 鳥羽至英『財務諸表監査の基礎理論』国元書房、2000年。
- 鳥羽至英・秋月信二『監査の理論的考え方』森山書店、2001年。
- 鳥羽至英『内部統制の理論と実務［普及版］』国元書房、2005年。
- 鳥飼重和監修、町田祥弘編著『内部統制の法的責任に関する研究』日本公認会計士協会出版局、2013年。
- トレッドウェイ委員会組織委員会、鳥羽至英・八田進二・高田敏文共訳『内部統制の統合的枠組み［理論篇］』白桃書房、1996年。
- トレッドウェイ委員会組織委員会、鳥羽至英・八田進二・高田敏文共訳『内部統制の統合的枠組み［ツール篇］』白桃書房、1996年。
- トレッドウェイ委員会組織委員会、八田進二監訳、太陽 ASG 有限責任監査法人訳『COSO 内部統制システム モニタリングガイダンス』日本公認会計士協会出版局、2009年。
- トレッドウェイ委員会組織委員会『Internal Control–Integrated Framework』（2013 Edition）2013年。
- 内藤文雄『監査判断形成論』中央経済社、1995年。
- 中尾政之『失敗百選』森北出版、2005年。
- 中尾政之『続・失敗百選』森北出版、2010年。
- 中尾政之『続々・失敗百選』森北出版、2016年。
- 中田亨『ヒューマンエラーを防ぐ知恵』化学同人、2007年。
- 中田亨『事務ミスをナメるな！』光文社、2011年。
- 中村直人『判例に見る会社法の内部統制の水準』商事法務、2011年。
- 日本銀行金融機構局「システム障害管理体制の実効性向上に向けた留意点」2012年2月。
- 日本銀行金融機構局金融高度化センター「内部監査の現状と高度化への課題」2013年6月。
- 日本内部監査協会編、喜入博・島田裕次・角田善弘『情報システム監査の基礎と実践』同文舘出版、2003年。
- 日本内部監査協会編、島田裕次・宮下正博・五井孝・森田卓哉・村田一・北村秀二著『内部監査人の実務ハンドブック』日科技連出版社、2007年。
- 芳賀繁『失敗のメカニズム』角川書店、2003年。
- 芳賀繁『事故がなくならない理由』PHP 研究所、2012年。
- 長谷川俊明『リスクマネジメントの法律知識［第 2 版］』日本経済新聞社、2007年。
- 畑村洋太郎『失敗学のすすめ』講談社文庫、2005年。
- 樋口晴彦『組織行動の「まずい!!」学』祥伝社、2006年。
- 樋口晴彦『「まずい!!」学　組織はこうしてウソをつく』祥伝社新書、2007年。
- 樋口晴彦『不祥事は財産だ』祥伝社新書、2009年。
- 樋口晴彦『組織不祥事研究』白桃書房、2012年。
- 樋口晴彦『組織の失敗学』中災防新書（中央労働災害防止協会）、2012年。

・古田一雄編著、日本原子力学会ヒューマン・マシン・システム研究部会『ヒューマンファクター10の原則』日科技連出版社、2008年。
・M.E.ポーター、土岐坤・中辻萬治・服部照夫訳『新訂　競争の戦略』ダイヤモンド社、1995年。
・エリック・ホルナゲル、小松原明哲監訳『社会技術システムの安全分析 - FRAM ガイドブック』海文堂出版、2013年。
・エリック・ホルナゲル他、北村正晴・小松原明哲監訳『レジリエンスエンジニアリング － 概念と指針』日科技連出版社、2012年。
・エリック・ホルナゲル他、北村正晴監訳『実践レジリエンスエンジニアリング - 社会・技術システムおよび重安全システムへの実装の手引き 』日科技連出版社、2014年。
・エリック・ホルナゲル、北村正晴・小松原明哲監訳『Safety-1 & Safety-2 - 安全マネジメントの過去と未来』日科技連出版社、2015年。
・エリック・ホルナゲル他、北村正晴監訳『レジリエンスエンジニアリング応用への指針:レジリエントな組織になるために』日科技連出版社、2017年。
・エリック・ホルナゲル、北村正晴・小松原明哲監訳『Safety-2の実践 - レジリエンスポテンシャルを強化する』日科技連出版社、2019年。
・R.K.マウツ・H.A.シャラフ、近澤弘治監訳、関西監査研究会訳『監査理論の構造』中央経済社、1987年。
・ドネラ・H・メドウズ、枝廣淳子訳『世界はシステムで動く』英治出版、2015年。
・リック・A・ライト・ジュニア、堺咲子訳『内部監査人のためのリスク評価ガイド（第2版）』一般社団法人日本内部監査協会、2020年。
・ジェームズ・リーズン、塩見弘監訳、佐相邦英・高野研一訳『組織事故―起こるべくして起こる事故からの脱出』日科技連出版社、1999年。
・ジェームズ・リーズン他、高野研一・弘津祐子・佐相邦英・上野彰監訳『保守事故 - ヒューマンエラーの未然防止のマネジメント』日科技連出版社、2005年。
・ジェームズ・リーズン、佐相邦英・電力中央研究所ヒューマンファクター研究センター監訳『組織事故とレジリエンス - 人間は事故を起こすのか、危機を救うのか』日科技連出版社、2010年。
・ジェームズ・リーズン、十亀洋訳『ヒューマンエラー［完訳版］』海文堂出版、2014年。
・ジェームズ・リーズン『Organizational Accidents Revisited』CRC Press、2016年。
・リスクマネジメント規格活用検討会編著『ISO 31000 : 2018 リスクマネジメント 解説と適用ガイド』日本規格協会、2019年。
・吉川吉衞『企業リスクマネジメント』中央経済社、2007年。
・吉野太郎『事業会社のためのリスク管理・ERMの実務ガイド』中央経済社、2012年。

索 引

212

【著者紹介】

五井 孝（ごい たかし）
1984年　東京理科大学理学部卒業
2001年　大手システム会社を経て、大和総研入社

情報セキュリティ統括部長、コンプライアンス部長、リスクマネジメント部長、内部監査部長を経て、現在、大和総研 システムコンサルティング第二本部営業管理部主事

中央大学大学院理工学研究科　客員教授（2016年〜）、
日本内部監査協会研修講師（2010年〜）、情報処理技術者試験委員[経済産業省]（1998年〜）、
システム監査技術者（経済産業省）、公認情報システム監査人（CISA）

《著書》
『裁判事例からみるシステム監査の実務ポイント』（同文舘出版、2022年）
『内部監査の実践ガイド』（共著、日科技連出版社、2018年）
『バリューアップ 内部監査Q&A』（日本内部監査協会編、共著、同文舘出版、2018年）
『個人情報保護士認定試験　一発合格テキスト＆問題集』（共著、オーム社、2017年）
『COBIT実践ガイドブック』（日本ITガバナンス協会監修、共著、日経BP社、2008年）
『内部監査人の実務ハンドブック』（日本内部監査協会編、共著、日科技連出版社、2007年）
『プライバシーマークのためのJIS Q 15001の読み方』（共著、日科技連出版社、2006年）
『ISO 27001 規格要求事項の解説とその実務』（共著、日科技連出版社、2006年）
『情報セキュリティ・個人情報保護のための内部監査の実務』（共著、日科技連出版社、2005年）
『情報セキュリティ監査制度の解説と実務対応』（共著、日科技連出版社、2003年）
『ISMS認証基準と適合性評価の解説』（共著、日科技連出版社、2002年）

2014年2月28日　　初 版 発 行
2020年9月30日　　第 2 版 発 行　　　　　　　　　　略称：リスク内部監査(2)
2022年6月1日　　第 2 版 2 刷発行

リスク視点からの「実効性のある」内部監査の進め方
（第2版）

著 者　　五 井　　孝
発行者　　中 島 治 久

発行所　同文舘出版株式会社

東京都千代田区神田神保町1-41　　　　　　　　　〒101-0051
電話　営業(03)3294-1801　　　　　　　　　　編集(03)3294-1803
振替 00100-8-42935　　　　　　　　　　　　http://www.dobunkan.co.jp

Ⓒ T. GOI　　　　　　　　　　　　　　　　　製版：一企画
Printed in Japan 2020　　　　　　　　　　印刷・製本：三美印刷
　　　　　　　　　　　　　　　　　　　カバー・表紙印刷：ライトラボ
　　　　　　　　　　　　　　カバーデザイン：谷島正寿（ライトラボ）

ISBN978-4-495-20002-2